DEUS ME CONCEDEU GRANDEZAS

Editora Appris Ltda.
1.ª Edição - Copyright© 2025 dos autores
Direitos de Edição Reservados à Editora Appris Ltda.

Nenhuma parte desta obra poderá ser utilizada indevidamente, sem estar de acordo com a Lei nº 9.610/98. Se incorreções forem encontradas, serão de exclusiva responsabilidade de seus organizadores. Foi realizado o Depósito Legal na Fundação Biblioteca Nacional, de acordo com as Leis nos 10.994, de 14/12/2004, e 12.192, de 14/01/2010.

Catalogação na Fonte
Elaborado por: Dayanne Leal Souza
Bibliotecária CRB 9/2162

S729d 2025	Souza, Mario Hastenreiter de Deus me concedeu grandezas / Mario Hastenreiter de Souza. – 1. ed. – Curitiba: Appris, 2025. 109 p. ; 21 cm. ISBN 978-65-250-7607-2 1. Malignidade. 2. Novo Testamento. 3. Ressureição. 4. Evangelho. I. Souza, Mario Hastenreiter de. II. Título. <div align="right">CDD – 232.5</div>

Appris editorial

Editora e Livraria Appris Ltda.
Av. Manoel Ribas, 2265 – Mercês
Curitiba/PR – CEP: 80810-002
Tel. (41) 3156 - 4731
www.editoraappris.com.br

Printed in Brazil
Impresso no Brasil

Mario Hastenreiter de Souza

DEUS ME CONCEDEU GRANDEZAS

Curitiba, PR
2025

FICHA TÉCNICA

EDITORIAL	Augusto V. de A. Coelho
	Sara C. de Andrade Coelho
COMITÊ EDITORIAL	Ana El Achkar (Universo/RJ)
	Andréa Barbosa Gouveia (UFPR)
	Jacques de Lima Ferreira (UNOESC)
	Marília Andrade Torales Campos (UFPR)
	Patrícia L. Torres (PUCPR)
	Roberta Ecleide Kelly (NEPE)
	Toni Reis (UP)
CONSULTORES	Luiz Carlos Oliveira
	Maria Tereza R. Pahl
	Marli C. de Andrade
SUPERVISORA EDITORIAL	Renata C. Lopes
PRODUÇÃO EDITORIAL	Sabrina Costa
REVISÃO	Débora Sauaf
DIAGRAMAÇÃO	Amélia Lopes
CAPA	Juliana Turra
REVISÃO DE PROVA	Jibril Keddeh

AGRADECIMENTOS

Àquele que me mostrou algo da dimensão espiritual e disse: — A minha misericórdia irá adiante de ti e terei compaixão de ti.

À Celia Rosa de Souza, esposa e mãe de Flávia e de Alice, que acompanhou e incentivou as minhas atividades profissionais. Ajudadora fiel no esforço de alcançar outros para a fé em Jesus sem que esse exaustivo trabalho significasse fonte de renda.

Este livro é dedicado aos filhos preciosos de Deus Pai, especialmente aqueles que O adoram e O servem *"em espírito e em verdade"*.

NOTAS DO AUTOR

As referências bíblicas enumeradas foram extraídas da Versão de Almeida Revista e Atualizada da Sociedade Bíblica do Brasil, edição de 1997.

Fatos e explicações doutrinárias disponibilizadas pelo Autor não refletem a opinião da Editora do livro, necessariamente.

Fica proibida a reprodução total ou parcial desta obra, através de qualquer forma, meio ou processo eletrônico digital, fotocópia, microfilme sem a prévia e expressa autorização do escritor nos termos da Lei 9.610/1998 que regulamente os direitos de autoria e conexos. Neste contexto, toda obra é de responsabilidade de seu idealizador.

O Capítulo I articula assuntos à guisa de Introdução dos Capítulos seguintes.

APRESENTAÇÃO

Atender às suas orações e satisfazer os desejos de seu coração é desejo de Deus, o Criador dos céus e da terra. O Pai Celestial deseja o melhor para você e não tem derrotas esquematizadas para forçá-lo à obediência. Muito além do que o cristão declarado *"filho de Deus"* possa imaginar ou pensar, o Eterno, Santo e Todo-Poderoso está atento e interessado em intervir nas situações as mais complexas de sua vida, onde não se enxerga a mais mínima saída.

Busquei a face maravilhosa de Deus Pai em sua intenção. E o fiz com insistência e jejuns enquanto intercedia a seu favor, com ações de graça e súplicas no sentido de que o Espírito Santo não somente o ajude a repensar a sua relação de compromisso com Jesus, o Cristo de Deus; mas coloque em seu espírito um desejo ardente de mais intimidade e melhor percepção do agir do Espírito Santo.

Dentro do contexto *"seja feita a Tua vontade"*, entendo que a intenção de Deus Pai continua no sentido de que sejam respondidas as orações daqueles que foram feitos *"filhos de Deus"*. Jesus explicou a Nicodemos que o nascer de novo não era coisa de religião, mas de comunhão íntima com o Pai, portanto sobrenatural. Manter a comunhão íntima com o Pai Celestial é necessário, visto que isso é uma decisão pessoal.

Derrotas não estão previstas para aqueles que nasceram de novo mediante a fé e andam na constância de Cristo. Em toda aflição, podemos ser mais que vencedores mediante a compaixão, a graça, a misericórdia e o poder de Cristo que opera em nós, desejando o desenvolvimento da nossa fé em Cristo. No entanto, fica o alerta: *"Temos, porém, esse tesouro em vasos de barro, para que a excelência do poder seja de Deus e não de nós".*

Notáveis registros de capacitação sobrenatural pelo Espírito Vivificante de Cristo Jesus encontramos em Atos dos Apóstolos, denotando ser este assunto extremamente importante. Os dons espirituais decorrentes do batismo no Espírito Santo capacitam espiritualmente os crentes em Jesus de maneira notável e sobrenatural. Portanto, responder às orações dos filhos expressa o amor de Deus, ainda que pareça mistério; mas é deste modo que Ele ordena alegria, bênção, cura, felicidade, fortalecimento, graça, livramento, milagre, prosperidade, restauração, transbordar do espírito e tudo o que de mais se possa encontrar nas insondáveis e maravilhosas riquezas de Seu caráter, graça e misericórdia inefáveis.

Mesmo que ocasionalmente este livro tenha parado em suas mãos, ou alguém o tenha presenteado, lembre-se: o Espírito Santo do Deus Eterno tem um propósito muito bem definido nisto. Minha esperança é que este livro nos leve a engrandecer o Nome de Cristo Jesus, Aquele que nos apresenta diante de Deus a fim de que alcancemos graça em ocasião oportuna. Quando pedimos por misericórdia, como em Hebreus 4.16, nada temos para dar em troca; por isso, quando Deus a concede, somente Ele recebe toda a glória.

Neste livro, apresento três episódios de enfrentamento com a morte e como o Espírito de Cristo Jesus respondeu sobrenaturalmente.

O esforço do autor é de insistência em ministrações práticas, porquanto presentes no Novo Testamento. Trazidas à realidade da vida diária, demonstram aos filhos de Deus e membros da família de Deus o acesso ao ambiente da dimensão espiritual onde nascem as ordens para demonstração de ministrações sobrenaturais.

O homem de Deus não discute decisões do reino dos Céus: na obediência por fé, o milagre surge e o Nome de Jesus é engrandecido no agir de Deus. Portanto, não olhe para as circunstâncias. Olhe somente para as grandezas de Deus Pai.

Quanto ao mais, fortifique-se na graça que há em Cristo Jesus, nosso Senhor.

Vitória/ES, janeiro de 2003.

SUMÁRIO

CAPÍTULO I - I
A HONRA, AS REGRAS E OS VENCEDORES 19

CAPÍTULO I - II
A INCREDULIDADE E O FOGO ETERNO 21

CAPÍTULO I - III
A RESSURREIÇÃO DOS MORTOS 25

CAPÍTULO I - IV
DISCERNINDO E DISCERNIMENTO DE ESPÍRITOS 28

CAPÍTULO I - V
FILHOS DE JÓ MORTOS POR DEMÔNIOS 32

CAPÍTULO I - VI
FORÇAS DEMONÍACAS DERROTADAS 35

CAPÍTULO I - VII
JESUS NÃO SEGUIA AGENDA DOS RELIGIOSOS 39

CAPÍTULO II - I
ISTO É CONTIGO! 42

CAPÍTULO II - II
A COLUNA DE FOGO GIRANTE 45

CAPÍTULO II - III
MANDA A MORTE SAIR DELE! 48

CAPÍTULO II - IV
O SILÊNCIO...50

CAPÍTULO III - I
A ORAÇÃO EXTREMA...55

CAPÍTULO III - II
O POLITRAUMATIZADO...58

CAPÍTULO III - III
MANDA A MORTE SAIR DELE!...60

CAPÍTULO III - IV
E HOUVE FESTA NO CÉU 63

CAPÍTULO III - V
COISA DE UNS SEIS MESES DEPOIS... 73

CAPÍTULO IV - I
APENAS ORE...75

CAPÍTULO IV - II
ANJOS 77

CAPÍTULO IV - III
OUVINDO A CONVERSA DE ANJOS...81

CAPÍTULO IV - IV
CONTA O QUE VISTE..83

CAPÍTULO IV - V
AGINDO DEUS, QUEM IMPEDIRÁ?...85

CAPÍTULO IV - VI
DESTRUINDO O JUGO DA MORTE...87

CAPÍTULO IV - VII
QUEM É O MENINO?...90

CAPÍTULO V
O ESTILO DE VIDA "EM ESPÍRITO E EM VERDADE"...........93

CONCLUSÃO
NOSSA FÉ NÃO É VÃ...98
NOTAS FINAIS..102

Capítulo I - I

A HONRA, AS REGRAS E OS VENCEDORES

A honra, nos jogos olímpicos, por exemplo, é dada aos que obedecem às regras, derrotam os concorrentes nas disputas e ocupam o lugar reservado aos vencedores. Até alguns são desclassificados nessa corrida pelo prêmio.

A honra de Deus é dada aos que O obedecem. O sacerdote Eli ouviu a sentença: *"Honrarei aqueles que me honram, mas aqueles que me desprezam serão tratados com desprezo."*[1] Não duvide: as sentenças do "Reino dos Céus" se cumprem na Terra, como está escrito: *"Porque, assim como descem a chuva e a neve dos céus e para lá não tornam, sem que primeiro reguem a terra, e a fecundem, e a façam brotar, para dar semente ao semeador e pão ao que come, assim será a palavra que sair da minha boca: não voltará para mim vazia, mas fará o que me apraz e prosperará naquilo para que a designei."*[2]

A linguagem do Novo Testamento para *"a igreja de Deus... corpo de Cristo"*[3] deve ser a linguagem daqueles que interagem com a membresia, seja ele administrador, cantor, crente, diácono, escritor, evangelista, obreiro, pastor, profeta, professor de EBD, tesoureiro e de todos os nascidos de novo que aguardam a esperança da vida eterna em Cristo Jesus.

As regras de relacionamentos estão bem estabelecidas na Carta aos Efésios, onde o apóstolo Paulo ensina e esclarece o que seja a *"igreja de Deus... corpo de Cristo"*.

Dentre os escolhidos para o apostolado havia um escondendo interesses inconfessáveis, Aquele que sonda mentes e corações, declarou: *"É um dos doze, o que mete comigo a mão no prato."*[4] De Deus ninguém zomba. No ministério o que vale é a *"obediência por fé"* não prioridades da vida.

Então, fuja da liderança religiosa mergulhada em alegorias, apostasia, eisegeses, experiência como fonte de doutrina, filosofias, fisiologismo político do tipo toma lá, dá cá, heresias, marketing mentiroso, mitos, mistérios, ofensa à *"doutrina dos apóstolos"*, promessas de novas revelações do Apocalipse e sutilezas vãs.

Capítulo I - II

A INCREDULIDADE E O FOGO ETERNO

A fé em Jesus não admite indiferença diante do que Deus disse do jeito que Ele disse. Aceitar mentiras de maus pastores e continuar ignorante é cumplicidade. Crer ou não crer é a questão. Esteja avisado. Fuja da incredulidade.

A fé vem pelo ouvir e continuar ouvindo a Palavra de Deus; a incredulidade vem por ouvir e seguir falso mestre mancomunado com pastor insensato, manipulador, opressivo e rebelde. A incredulidade é fonte geradora do pecado de rebelião. A rebelião é como o pecado de feitiçaria.[5] A Palavra de Deus nos adverte que *"... sem fé é impossível agradar a Deus"*. Dúvidas e incredulidade são o oposto de fé em Jesus. O pecado de incredulidade é um dos principais problemas da Igreja nestes dias.

Apóstatas e os *"filhos da desobediência"*[6] não se interessam no que a Palavra Proposicional[7] denuncia como incredulidade dos portadores da falsa unção; mas estamos certos de que essa incredulidade os predispõe à rebeldia e ao *"fogo eterno preparado para o Diabo e seus anjos"*.[8]

Certamente, o homem de Deus se opõe aos intentos de Satanás, *"o deus deste século"* e deve fazê-lo fortemente. Davi honrava o Nome e a reputação do Deus de Israel e não suportou os insultos de Golias a quem respondeu: *"eu vou a ti em nome do*

SENHOR dos Exércitos".[9] No coração daqueles que bem interpretam as Escrituras Sagradas permanece o que Deus disse, do jeito que Ele disse; e esta posição produz excelentes frutos para o *"Reino dos Céus".* O apóstolo Paulo demonstrou os encargos do chamado ao ministério: *"A minha palavra, e a minha pregação não consistiu em palavras persuasivas de sabedoria humana, mas em demonstração de Espírito e de poder."*[10] O intento do ladrão de dízimos, de ofertas voluntárias e do pastor insensato é atacar aqueles que não se dobram aos cantos de sereia dos Judas mercenários e sectários. O preço de desprezar e impedir a intenção do Espírito Santo é insuportável.[11] *"Ora, ao Rei dos séculos, imortal, invisível, ao único Deus seja a honra e a glória para todo o sempre. Amém."*[12]

Em Atos dos Apóstolos encontramos notáveis registros de capacitação sobrenatural pelo Espírito Vivificante de Cristo Jesus, denotando ser este assunto extremamente importante, como está escrito: *"Não sabeis que sois santuário de Deus e que o Espírito de Deus habita em vós?"*[13] [14] O fundamento de toda fé e prática cristã é Jesus Cristo, como está escrito: *"Porque ninguém pode lançar outro fundamento, além do que foi posto, o qual é Jesus Cristo."*[15]

Na expressão *"aos santificados em Cristo Jesus"* (gr. ἁγιάζω ἐν Χριστός Ἰησοῦς) encontramos a ação concluída no passado, mas que tem resultados continuados, como aprendemos no grego do Novo Testamento.[16] O apóstolo Paulo destaca o fato de que se alguém foi alcançado e separado para a salvação em Cristo Jesus, deve demonstrar que sua vida e seu caráter são aptos para o testemunho a favor de Cristo. O poder de Cristo no Pentecostes demonstrou que os dons espirituais decorrentes do batismo no Espírito Santo que procede do Pai e do Filho[17] energizam espiritualmente os crentes em Jesus em todos os sentidos.[18] [19] Ora, com esse fortalecimento em espírito o agir de Deus se manifesta sobrenaturalmente, como está escrito: *"Não por força nem por violência, mas pelo meu Espírito, diz o Senhor dos Exércitos."*[20] Portanto, Jesus iniciou o Seu ministério no poder do Espírito[21] e assim, a igreja local não depende de donos de igreja, de governo humano, de marketing, de políticos; e o bom pastor deve guiar os crentes na força do Espírito de Deus, conforme os exemplos que encontramos em Atos dos Apóstolos.

Não defender a fé que foi dada *"aos santificados em Cristo Jesus, chamados para ser santos"* é negar a esperança da salvação. Não duvide: continuar preso às falsas profecias de pastor insensato é incredulidade e notória ofensa ao Evangelho.[22] Não existe maior felicidade do que o crente em Jesus continuar na *"constância de Cristo"*, pois essa constância gera hábitos e esses hábitos geram excelência. Nesse conjunto de heresias que provocam *"a ira (de Deus) vindoura"*,[23] as frases fora do contexto e do teor geral das Escrituras formam a *mensagem além da letra* (quem lê entenda); e intencionalmente priorizam o que o incrédulo denomina de *revelação.*

O desejo intenso de Cristo foi expresso enquanto Ele antecipava as dores do Calvário:

> Vós já estais limpos pela palavra que vos tenho falado; permanecei em mim, e eu permanecerei em vós. Como não pode o ramo produzir fruto de si mesmo, se não permanecer na videira, assim, nem vós o podeis dar, se não permanecerdes em mim. Eu sou a videira, vós, os ramos. Quem permanece em mim, e eu, nele, esse dá muito fruto; porque sem mim nada podeis fazer. Se alguém não permanecer em mim, será lançado fora, à semelhança do ramo, e secará; e o apanham, lançam no fogo e o queimam.[24]

O *"evangelho da graça de Deus... poder de Deus e sabedoria de Deus"* nos admoesta à *"constância de Cristo"*, exclusivamente, *"para que não mais sejamos como meninos, agitados de um lado para outro e levados ao redor por todo vento de doutrina, pela artimanha dos homens, pela astúcia com que induzem ao erro."*[25]

Capítulo I - III

A RESSURREIÇÃO DOS MORTOS

A promessa de batizar os crentes em Jesus com o Espírito que procede do Pai e do Filho saiu da boca Daquele que nunca falha em cumprir as Suas promessas e nunca mente. Ele disse que nos exaltaria diante de nossos adversários. Não existe sombra ou variação de opinião em sua mente. Portanto, essa promessa é tremenda. Revestidos com o poder de Cristo o nosso esforço não é vão.

A ressurreição de mortos era apenas uma das facetas extraordinárias do ministério de Wigglesworth. Ainda que, de forma não oficial, esse registro poderia chegar a vinte e três pessoas. Catorze pessoas foram documentadas como ressuscitadas, voltando à vida de entre os mortos, através do ministério de Wigglesworth.

Em seu livro Os Generais de Deus o pastor e historiador Roberts Liardon já começa a falar de Smith Wigglesworth chamando-o de O Apóstolo da Fé e continua: sem dúvida ele um dos homens de Deus mais ungidos que viveu nos tempos recentes. Ele era conhecido como o Apóstolo da Fé, e se alguém merecia ser descrito como *"cheio de fé e do Espírito Santo"*, era ele. Ele vivia e andava continuamente na presença de Deus. E os milagres que acompanhavam seu ministério eram do tipo que raramente foram vistos desde os dias dos apóstolos. Pessoas nascidas cegas e surdas, aleijados — retorcidos e deformados por doenças, outros à beira da morte com câncer ou doenças de todos os tipos — todos foram curados pelo poderoso poder de Deus. Até mesmo os mortos foram ressuscitados.

> Estes sinais hão de acompanhar aqueles que creem: em meu nome, expelirão demônios; falarão novas línguas; pegarão em serpentes; e, se alguma coisa mortífera beberem, não lhes fará mal; se impuserem as mãos sobre enfermos, eles ficarão curados.[26]

Exemplo de fé, de determinação, de vontade de servir a Deus e amar o próximo. Nunca, em sua casa, entrou um só remédio. E só leu, durante toda a sua vida, um único livro: a Bíblia Sagrada. Não existia nada tão grande para a sua fé. Desde ressuscitar mortos, dores de cabeça a cânceres, era tudo o mesmo para ele. Há algo demasiadamente difícil para Deus?

No Evangelho encontramos registro de mortos ressuscitados pelo Senhor de forma visível e milhares de forma invisível: a filha de Jairo ainda estava em casa de seu pai;[27] o filho da viúva de Naim não estava mais na casa da mãe, mas ainda não estava no túmulo;[28] e João menciona Lázaro já sepultado há quatro dias.

No Novo Testamento, a palavra *"poder"* (gr. dunamis) expressa a vida cristã vitoriosa pelo Espírito de Cristo Jesus. O poder vem da Palavra de Deus, do Espírito Santo que procede do Pai e do Filho e do nome de Jesus.[29] Quando o crente em Jesus evita ensinos de homens meramente religiosos, exerce a fé que existe dentro dele, e permite que Jesus opere nele o *"poder"* que Ele prometeu,[30] o *"evangelho da graça de Deus... poder de Deus e sabedoria de Deus"* começa a fluir como fontes de águas vivas.

> Quem crê em mim, como diz a Escritura, rios de água viva correrão de seu ventre. E isso disse ele do espírito, que haviam de receber os que nele

cressem; porque o Espírito Santo ainda não fora dado, por ainda Jesus não ter sido glorificado.[31]

Observe este depoimento: "Durante aquela mesma semana em uma daquelas reuniões no Zaire, anteriormente conhecida como Congo Belga, o Senhor me deu uma palavra de revelação um tanto quanto perturbadora e específica. Naquela noite estava com o meu coração bem sobrecarregado de preocupações com Bonnie e o meu filhinho Aaron que lutava pela vida a meio mundo distante de mim. Em meio aos meus pensamentos, a palavra do Senhor veio poderosa e clara como um sino que toca: — *Existe um homem aqui cujo filho morreu esta manhã. Chame-o. Eu vou ressuscitá-lo.* Fiz exatamente o que o Senhor havia ordenado e anunciei àquela grande multidão à minha frente que Deus havia dito que tinha um homem naquele lugar, cujo filho havia falecido naquela manhã. Um burburinho, que se tornou um grande rugido, estremeceu aquele lugar. Convidei aquele homem para vir à frente. Jamais esquecerei a visão daquele homem correndo em minha direção. Apenas existia uma certeza em meu coração: — Somente o poder de Deus podia restaurar a vida e o fôlego ao filho daquele homem. Eu conto a história completa deste milagre em meu livro, *Only love can make a miracle.* Para o momento relatarei o seguinte: Katshinyi tinha morrido às quatro horas daquela manhã de malária."[32]

Os registros nas Escrituras mostram que profetas e apóstolos receberam poder para ressuscitar mortos. Podemos mencionar na história dos avivamentos que diversos casos de ressurreição de mortos: John Lake, Smith Wigglesworth, por exemplos. Receba e use o poder de Deus na autoridade pentecostal, nas atividades cotidianas, nas orações e súplicas, nos jejuns e no testemunho pessoal.

Capítulo I - IV

DISCERNINDO E DISCERNIMENTO DE ESPÍRITOS

A dissimulação e a mentira fazem parte essencial do caráter de demônios, cuja circulação é habitual, livre e voluntária. Devido à capacitação de corrupção, crueldade e iniquidades eles são chamados *"imundos"*. Diversas atividades dos demônios aparecem nos relatos do Novo Testamento com o desejo destrutivo e com opressão persistente. Esses espíritos imundos estão aptos no exercício das *"obras infrutíferas das trevas"*, pois obedecem a Satanás, *"o príncipe deste mundo"*.

Demônios têm a capacidade de aparecer, atravessar paredes, desaparecer e se materializarem, segundo o que forem ordenados ou pretenderem. Em suas relações com os humanos os demônios podem causar desastres, doenças e enfermidades físicas;[33] entrar e sair de animais ou de indivíduos, falar através das vozes de pessoas, infligir pânico, grandes perdas materiais, morte dos filhos,[34] perseguições e tumultos. Ídolos são moradas de demônios presentes nos cultos pagãos.[35] Os demônios agem através dos discípulos de Belzebu[36] chegando a fazer milagres.[37] Os dois gadarenos possessos de demônios furiosos que habitavam em cemitérios e se feriam com pedras foram se aproximando de Jesus, o Nazareno, numa possível tentativa de matá-Lo.[38]

Espíritos imundos distinguem entre indivíduos (homem ou mulher) regenerados que continuam cheios de fé e do Espírito de Cristo;[39] e aqueles cheios de *"doutrinas de homens"*, de falsas profecias, de heresias, de hipocrisias, de incredulidades e de meias verdades: os primeiros andam na *"simplicidade de Cristo"* demonstram a *"doutrina dos apóstolos"* e realizam a obra de Deus, porque *"os dons e a vocação de Deus são irrevogáveis"*.[40]

Falsos mestres podem até declarar a Nova Aliança divina e final revelação; mas ao afirmarem que possuem *novas revelações do Apocalipse* confundem os ouvintes de acordo com a concupiscência habitual de que não se arrependem por orgulho religioso.

Líderes religiosos amantes de dinheiro, de *"doutrinas de homens"*, de heresias e de incredulidade dão causa à impressão de realizarem grandes coisas na obra de Deus; mas o caráter deles demonstra a obsessão pelo poder religioso sectário, pregam o *"outro evangelho"*,[41] rejeitam a piedade e negam a sua eficácia.[42]

Na verdade, quem se envolve em benzimento, consulta a mortos, feitiçaria idolatria, invocação de espíritos, ladainhas marianas, magias e petições aos guias espirituais, abre a alma e a mente à influência de demônios, como está escrito (SBB, RC, 1995):

> Com deuses estranhos o provocaram a zelos, com abominações o irritaram. Sacrifícios ofereceram aos diabos (hb. sedh), não a Deus; a deuses que não conheceram, novos deuses que vieram há pouco, dos quais não se estremeceram seus pais.[43] [44]

Não se pode querer discernir o que é eminentemente espiritual com conhecimento e instrumentalidade humanos. Neste contexto doutrinário a palavra *"discernimento"* é usada para traduzir o termo grego *diakrisis*, que significa "discernimento", "distinção", "julgamento". O termo aparece em passagens no Novo Testamento.

Observem: discernir pode significar "examinar" ou "investigar", bem como outras variantes. Discernimento, significa "julgamento" e "distinção".

O bíblico dom de *"discernimento de espíritos"* aparece na lista de dons do Espírito Santo registrada por Paulo de Tarso ao escrever aos crentes da igreja em Corinto, na Grécia, onde exerceu longo ministério. O *"discernimento de espíritos"* é concedido aos batizados no Espírito de Cristo, conforme o ensino dos apóstolos (e não conforme crenças, heresias e ideologias de líderes opressores). Paulo enfatizou a evidência de capacidade espiritual sobrenatural em distinguir a verdade da mentira, o real do aparente.

> Porque a um é dada, mediante o Espírito, a palavra de sabedoria; e a outro, segundo o mesmo Espírito, a palavra do conhecimento; a outro, no mesmo Espírito, a fé; e a outro, no mesmo Espírito, dons de curar; a outro, operações de milagres; a outro, profecia; a outro, discernimento de espíritos; a um, variedade de línguas; e a outro, capacidade para interpretá-las. Mas um só e o mesmo Espírito opera todas essas coisas, repartindo particularmente a cada um como quer.[45]

O *"discernimento de espíritos"* é extremamente importante no ministério, lembrando dois eventos em Atos dos Apóstolos: Pedro o exerceu ao identificar o comportamento enganador de Ananias e Safira;[46] e Paulo protestou que Elimas era um filho do diabo, inimigo de tudo que é justo e perturbador dos retos caminhos do Senhor que agia com toda espécie de engano e maldade.[47] O dom é extremamente necessário para a obra espiritual e devemos levar em conta que os agentes de Satanás, o grande enganador, podem se transformar em anjos de luz, e seus mensageiros em ministros de justiça.[48] Porém, é digno de nota que a incredulidade é obstáculo peremptório ao dom de *"discernimento de espíritos".*

Por amor ao dinheiro, incredulidade e obras más muitos negam a eficácia e eficiência do *"evangelho da graça de Deus... poder de Deus e sabedoria de Deus"* e pelos frutos a sorte deles é com os infiéis que nada mais são do que *"anticristos"* cheios de alegorias, demandas judiciais, disputas por cargos, falsas profecias, incredulidade, marketing mentiroso, opressão, orgulho religioso, rebeldia, rezas vãs e vaidades.

Capítulo I - V

FILHOS DE JÓ MORTOS POR DEMÔNIOS

Alguns pensam em ficção o antigo consentimento dado por Deus no sentido de Satanás infligisse a Jó aflições, enfermidades e grandes perdas; mas não é ficção. Com a permissão do Senhor para propósitos sábios e santos, as aflições de Jó começaram com a malícia de Satanás.

Demônios foram empregados nessa tragédia. Eles são seres espirituais cruéis, destrutivos, inimigos de Deus e dos seres humanos,[49] como demonstram inúmeros relatos no Novo Testamento.[50] Inteligentes e obedientes a Satanás, o maioral dos demônios, *"o pai da mentira"*, os demônios são capazes de afligir, causar demências, doenças, destruir casamentos, enfermidades, loucuras, maldições, opressão, possessão e provocar a morte.

Deus permitiu que Jó, *"homem íntegro e reto, temente a Deus"*, fosse afligido. Então, isto não aconteceu por cometimento de pecado contra o Criador. Na verdade, Deus enfatiza integridade e pureza de coração de Jó na pergunta feita a Satanás:

> E disse o SENHOR a Satanás: Observaste tu a meu servo Jó? Porque ninguém há na terra semelhante a ele, homem íntegro e reto, temente a Deus, e que se desvia do mal?

Em curto espaço de tempo, quase tudo o que Jó amava e dignamente possuía foi arrancado com extrema violência: perdeu a família, exceto a mulher, riquezas e seus filhos foram mortos por ações malignas direcionadas contra ele.

Fogo maligno caiu, queimou as ovelhas e os servos, e os consumiu;[51] e *"o pai da mentira"*, Satanás, convenceu um dos caldeus de que *"fogo de Deus"* caíra do Céu.[52] Inimaginável a intensidade do mal sobre a família e o grande sofrimento que tomou conta da alma desse ancião. No entanto, em resposta às perdas e sofrimentos o que ele fez tem falado aos corações dos fiéis e honrado a Deus por mais de 3.000 anos. O que ele fez?

> Então Jó se levantou, e rasgou o seu manto, e rapou a sua cabeça, e se lançou em terra, e adorou. E disse: Nu saí do ventre de minha mãe e nu tornarei para lá; o SENHOR o deu, e o SENHOR o tomou: bendito seja o nome do SENHOR. Em tudo isto Jó não pecou, nem atribuiu a Deus falta alguma.[53]

Jó estava cheio de excessivo pesar e sofrimento que ele expressava da maneira comum em seus dias e nada o proibia de se expressar. O livro de Jó demonstra como ele conseguiu enfrentar a opressão e os sofrimentos da vida. O livro mostra claramente o valor da adoração e da oração.[54] Sofrendo adversidades Jó manteve-se fiel ao Senhor e pôde experimentar grande vitória justamente no momento em que orava:

> E o SENHOR virou o cativeiro de Jó, quando orava pelos seus amigos; e o SENHOR acrescentou a Jó outro tanto em dobro a tudo quanto dantes possuía.[55]

O Filho do Homem derramou lágrimas por ocasião da morte de Lázaro, de Betânia; e Ele não foi poupado de intenso sofrimento a ponto de ter sido feito pecado por nós. Nesse contexto nada existe de proibido pela religião. O Novo Testamento declara que *"todos aqueles que piamente querem viver em Cristo padecerão perseguições"*.[56]

Seja exaltado o Nome de Jesus que derrotou Satanás, em parte pela expulsão de demônios e, de certo modo, através de Sua morte e ressurreição;[57] porquanto, Ele aniquilou o domínio de Satanás e restaurou o poder do reino de Deus.

Capítulo I - VI

FORÇAS DEMONÍACAS DERROTADAS

A confusão bíblica é fruto da incredulidade e cresce como instrumento poderoso que prepara as pessoas para seguir cegamente os líderes religiosos. A fé em Jesus exige coragem e fidelidade de quem queira carregar sua cruz e continuar olhando para Jesus, o autor de consumador da nossa salvação. Aceitar meias verdades de falsos profetas mancomunados com maus pastores consiste em cumplicidade com a iniquidade e queda. Além do mais, meias verdades são mentiras completas. Jesus identificou o diabo como o pai da mentira.

Algo especial deve acontecer enquanto dirigimos nossas orações ao Pai Celestial com confiança, esperança e fé. Algo especial deve acontecer na medida em que nos deleitamos com o ensino das Escrituras Sagradas. Entenda isto: as nossas orações devem preservar a devida atenção às palavras que estamos proferindo diante de Deus — porque a oração diante de Deus exige muita prudência. Invista em oração perseverante, como Jesus fazia; e discipline sua alma (emoções, mente e vontade) a não permitir que sua natureza carnal o leve a perder tempo divagando com o imaginário infantil quando começar a orar.

Com esse exercício espiritual podemos ter uma visão interior do nosso estado espiritual e isto nos traz grandes benefícios. Essas coisas são frutos de discernimento de espíritos. Todo aquele que confessa o Nome de Jesus para salvação precisa desse olhar para dentro de si mesmo e entender o agir de Deus dentro do modelo de evangelho demonstrado por Jesus, como está escrito:

> Ora, o homem natural não aceita as coisas do Espírito de Deus, porque lhe são loucura; e não pode entendê-las, porque elas se discernem espiritualmente. Porém o homem espiritual julga todas as coisas, mas ele mesmo não é julgado por ninguém.[58]

De Deus ninguém zomba. Esteja avisado! Existe enorme diferença entre dizer que crê em Deus e exercer fé em Jesus. Fuja do erro!!! Forças demoníacas são quebradas no poder do Espírito de Cristo derramado no curso do ministério daquele que obedece ao que Deus disse do jeito que Ele disse. Não defender a fé que foi dada aos *"santificados em Cristo"* é negar a esperança da salvação.

Lucas registra que na sinagoga de Cafarnaum *"um homem com espírito imundo exclamou, dizendo: Ah! Que temos contigo, Jesus Nazareno? Viestes destruir-nos?* O possesso de demônio escancarou para maior espanto: *"Bem sei quem és: o Santo de Deus"*; e a admiração maior foi quando relampejou a resposta: *"Cala-te e sai dele".*[59]

Nesta passagem está demonstrado o controle forte que Satanás consegue exercer em alguém que se aproximou de espíritos de engano. Os demônios identificaram Jesus, publicamente reconhecendo Jesus como *"o Santo de Deus"* e o fizeram perante os judeus presentes na sinagoga. Porém, Jesus não poderia deixar de demonstrar a força do *"evangelho da graça de Deus... poder de Deus e sabedoria de Deus"* disponibilizada àqueles que querem realizar as obras de Deus. Quer dizer que, se Jesus está presente na congregação os demônios não tem vez; doutrina de homens não tem vez; falsa profecia não tem vez; fisiologismo político do tipo toma lá, dá cá, não tem vez; ideologia maçônica-ocultista não tem vez; iniquidade não tem vez; pecado oculto não tem vez; poderes do diabo não têm vez.

Não importando quantos fossem os demônios e o tempo de habitação nesse prisioneiro de Satanás, com uma palavra os demônios eram expulsos. Jesus demonstrou esse poder de Deus e ensinou os discípulos como exercê-lo: com uma palavra! Nada de show. Nos episódios de exorcismos, à luz do Novo Testamento não existe lugar para show.[60]

O espírito imundo que se levanta contra a ministração do *"evangelho da graça de Deus... poder de Deus e sabedoria de Deus"* é o espírito de rebeldia capaz de operar nos religiosos que pegam *"doutrinas de homens"* e fazem o papel do *"pai da mentira"*. Os desobedientes ao que Deus disse do jeito que Ele disse permanecem nas regiões da sombra e da morte e os demônios os mantêm em escuridão espiritual. Porém, a todos quantos exercem fé em Jesus, exclusivamente, o Espírito de Cristo Jesus os fortalece na medida em que estejam cheios da palavra que vem da boca de Deus. Se estamos *"em Cristo"* somos mais que vencedores.

Os discípulos de Jesus aprenderam que, com uma palavra os demônios foram expulsos; e dali em diante — no mundo em que estamos vivendo — o enfrentamento seria decidido com a autoridade que Jesus delega a todo aquele que Nele crê, como está escrito:

> Filhinhos, ninguém vos engane. Quem pratica a justiça é justo, assim como ele é justo. Quem comete pecado é do diabo, porque o diabo peca desde o princípio. Para isto o Filho de Deus se manifestou: para desfazer as obras do diabo.[61]

Se algum indivíduo (homem ou mulher) continua confiando em *"doutrinas de homens"*, inquestionavelmente obediente à liderança religiosa escrava de ideologia de dono de igreja e de incredulidade, como demonstrará a luz do evangelho que alega possuir, como demonstrará a verdade do evangelho? Se esse tal continua cego ao que diz respeito à regeneração e às coisas da redenção; ignorante da gravidade dos pecados que comete e preso *"aos laços do diabo"*; pode repetir a reza do clamor pelo sangue de Jesus que nada disto muda a situação de estar preso na região da sombra e da morte. Se não consegue libertação, não consegue orar como Jesus ensinou e fica demonstrado quem ele é, pois, a árvore se conhece pelos frutos.

Se as doutrinas de um líder religioso se afastam da nítida e poderosa verdade das Escrituras, esse homem é um lobo em pele de cordeiro!

Se o diabo encontra brechas no homem e o mantem em possessão, esse indivíduo é capaz de ser manipulado pelo poder satânico que nele opera a ponto de criar confusão e interromper o ensino da Palavra de Deus.

Só o poder de Deus para arrancar esse indivíduo da *"região da sombra e da morte"*[62] e movê-lo o arrependimento e retorno à sensatez. Só o poder de Deus para lhe conceder *"não só o arrependimento para conhecerem plenamente a verdade, mas também o retorno à sensatez, livrando-se eles dos laços do diabo, tendo sido feitos cativos por ele para cumprirem a sua vontade."*[63]

Capítulo I - VII

JESUS NÃO SEGUIA AGENDA DOS RELIGIOSOS

A mão direita de certo homem era ressequida. Ele estava na sinagoga, em dia de sábado, afastado dos demais e evitado, pois na mente dos judeus aquele homem estava em pecado. Encontramos este episódio nos Evangelhos Sinóticos que também nos informa que Jesus frequentava as Sinagogas.[64] [65]

As sinagogas eram centros de ensinamento da Lei, oração pública e onde era possível a participação leiga. Cumprir a Lei era o dever de todo homem. Jesus aproveitava essas ocasiões para ensinamentos[66] e de forma alguma queria ab-rogar a Lei, nem desejava desrespeitar o sábado dos Judeus.

Com medo de serem expulsos da sinagoga[67] muitos judeus não confessavam ter fé no Mestre como Messias, ou Cristo. Escribas e fariseus estavam observando se Jesus faria alguma cura no dia de sábado, pois queriam motivos de acusar Jesus de transgredir a Lei. Este era um dos custos do ensino e pregação, pois Jesus desafiava aqueles que se estimavam ensinadores de Israel.[68] Fortemente indignado com a dureza do coração dos que O espreitavam, mas negligenciavam a essência da Lei que era o amor a Deus e ao próximo que estão acima de doutrinas de homens e rezas vazias, Jesus e disse ao homem da mão ressequida: *"Levanta-te e vem para o meio." [...] "Estende a mão. E ele a estendeu e foi-lhe restituída a mão, sã como a outra."*

Então Jesus provou que até do sábado Ele é Senhor.[69] Evidentemente, o ódio religioso subiu na cabeça: *"E ficaram cheios de furor (escribas e fariseus), e uns com os outros conferenciavam sobre o que fariam com Jesus".*

Jesus aniquilou o domínio de Satanás e demonstrou a restauração do poder do *"reino de Deus".* Jesus derrotou Satanás, em parte pela expulsão de demônios e, de certo modo, através de sua morte e ressurreição.[70]

Não duvide: existem lideranças religiosas que negam os dons sobrenaturais com tanta naturalidade como aqueles judeus incrédulos que nada queriam com os doentes e necessitados. O apóstolo Paulo insistia no chamamento de Cristo para pregação de *"o evangelho de Deus".*[71] O *"evangelho da graça de Deus... poder de Deus e sabedoria de Deus"* demonstra o poder dinâmico-divino convocando indivíduo ao arrependimento de pecados e a seguir a Jesus em novidade de vida; porquanto o Espírito de Cristo Jesus foi outorgado para capacitar aqueles que *"foram feitos filhos de Deus"* com a ousadia e o poder pentecostal. Porém, de lamentar o medo da hostilidade de liderança religiosa retrógrada e sectária impedindo alguns cristãos de defender a fé que foi dada aos santos; mas no Dia de prestação de contas não haverá desculpas.

Os pentecostais históricos reuniam-se e reúnem-se em nome de Jesus para celebrar ao Senhor Deus em cultos onde deve haver adoração, batismo no Espírito Santo, cânticos de conteúdos doutrinários, curas, libertação de oprimidos, ofertas, orações e poderosa pregação da salvação em *"Jesus, o grande Pastor das ovelhas pelo sangue da Nova Aliança"* que conclama os crentes à obediência por fé. Pode acontecer que em determinado culto pentecostal haja atividade de anjos como demonstrado no capítulo final.

Seguir a agenda dos religiosos sectários faz-se grande obstáculo às oportunidades de curar enfermos, expulsar demônios, purificar leprosos e ressuscitar mortos. Todos nós ganharemos mais fortalecimento em espírito, ousadia e poder pentecostal se decidirmos crer no que Deus disse do jeito que Ele disse; e o mais importante: o arrebatamento iminente, indivisível e instantâneo da *"igreja de Deus... corpo de Cristo"* não segue a agenda dos incrédulos.[72]

Capítulo II - I

ISTO É CONTIGO!

Senhor, não mereço receber-te debaixo do meu teto. Mas dize apenas uma palavra, e o meu servo será curado.[73]

Ajoelhei-me em oração na entrega do jejum de cada dia... Nada de imposição de religião, mas expressava a insistente oração por assuntos especiais. Faltavam uns minutos para as 09:00 e havia uma refeição para os servidores do Hospital Militar.

Ao toque da sirene levantei-me, saí da Sala de Ortopedia e caminhei em direção ao Refeitório. Ambiente de gente falando e mesas fartas para boa e oportuna refeição. Entrei pela porta próxima à cozinha. Fui dos últimos a chegar e encontrei a cadeira vazia naquele espaço destinado aos militares exatamente na cabeceira da longa mesa de onde eu tinha uma vista de todo o salão. Incrível foi a cadeira vazia! Peguei o cabo da chaleira de gemada e já ia me servindo quando o agitado ex-pracinha da FEB, Agostinho, entrou pela porta principal aos gritos:

— Falha de atendimento! Médico inexperiente! O menino morreu...

Atento aos gritos, levantei a cabeça desejando entender melhor aquela agitação inesperada e nesse instante contemplei a face do ministro de Deus com o braço estendido e dedo indicador irresistível:

— Isto é contigo!

Não há como esquecer! O anjo de Deus não chega atrasado, cumpre a ordem recebida e não erra o endereço. O caminho de crente é estreito e sendo estreito, é melhor, porque ficamos mais perto de Jesus. O homem de Deus não discute as ordens do *"Reino dos Céus"*. O mover do Espírito foi de inquestionável obediência àquela impressionante visão de olhos abertos e imediatamente me levantei em direção ao Pronto Socorro, passei pelo pátio entre o prédio principal e o prédio da Maternidade e Centro Cirúrgico e ciente de que o anjo de Deus me acompanhava. Subindo à Portaria observei uns cinco oficiais médicos em conferência no pátio de entrada e já me aproximava quando o diretor do Hospital me interrogou:

— Hastenreiter, quem é o Escrivão do Gabinete Médico Legal?

— Sou eu, senhor.

— Ocorreu um óbito no Pronto Socorro. Chame um dos serventes e levem o corpo para lá. Depois, pegue o Atestado de Óbito comigo, faça os registros e entregue à família. O pai do menino está em manobras militares...

— Sim, senhor.

Os médicos foram em direção ao refeitório dos oficiais.

Eu vi a idosa no banco do lado de fora e me pareceu ser a avó do menino. As mãos cobrindo o rosto e o corpo encurvado. Acreditei estar chorando. Cabeça baixa, cabelos branquinhos em coque de penteado e pernas cruzadas.

Entrei na sala.

> A desconsolada estava sentada.
> Marido distante e a morte zombando.
> Olhava o enterro do filho querido.
> Olhava o infortúnio na porta da casa.
> A dor e o espanto a deixaram sem chão.

Onde está a ajuda, onde está o irmão?
Onde a resposta de cada oração?

Oh! Céus, que vazio!
Terrível vazio!

Não duvide: a morte ataca criança e gente grande. A morte é o pior problema da Humanidade. É irmã gêmea da sepultura que nunca se farta.[74]

No fundo da sala a enfermeira espantada com o fato instantâneo do menino morto. Como não seria indispensável para o cumprimento da ordem do diretor do Hospital, mandei que ela fosse fazer a sua refeição... O anjo de Deus, a mãe de menino, o menino e eu ficamos na sala...

Capítulo II - II

A COLUNA DE FOGO GIRANTE

A Bíblia nos apresenta cenas inesquecíveis da manifestação da presença divina. A coluna de fogo e a coluna de nuvem, por exemplos, ensinavam aos hebreus a importância da confiança, dependência e obediência ao Eterno e Todo-Poderoso Deus para direcionar, guiar e proteger. Com o término da escravidão dos egípcios a coluna de fogo e a coluna de nuvem no deserto foram apresentadas como símbolos da presença protetora e orientadora de Deus em favor do Seu povo.[75]

A coluna de fogo e a coluna de nuvem que guiavam os hebreus em suas jornadas eram *"sombra das coisas futuras"*[76] que estariam realizadas em *"Jesus, o grande Pastor das ovelhas pelo sangue da Nova Aliança"*.[77] Em Cristo experimentamos a graciosa e maravilhosa presença, a resposta às orações, o consolo e o fortalecimento de Deus por meio do Espírito Santo que em nós habita,[78] se é que Nele exercemos fé, exclusivamente e O confessamos ousada e publicamente.[79] Portanto, cultivando a leitura e meditação na Palavra, a oração perseverante e o jejum pessoal até podemos nos ver diante do inesperado; mas não faltará escape prometido.

> Não vos sobreveio tentação que não fosse humana; mas Deus é fiel e não permitirá que sejais tentados além das vossas forças; pelo contrário, juntamente com a tentação, vos proverá livramento, de sorte que a possais suportar.[80]

Buscando cuidados médicos a avó, a mãe e o menino caminharam devagar pela avenida em direção ao Pronto Socorro, bem ao alto.

As duas Marias andaram chorando,
por dentro e por fora,
a dor do menino no esforço e no peito,
ardendo nos braços pressão-sensação
de coisa que aperta garganta e pulmão,
causando pesares que fazem perguntas:

Qual o nosso pecado?
Que Calvário é este?

Como evitar o iminente infortúnio?
O dia começa e lá vem pesadelo...
Oh! Deus, Doador da vida,
Devolva-me o filho...
Tão cedo na vida
não posso perde-lo.

Certamente, a doença cardíaca dava sinais, mas os pais desconheciam a gravidade do mal. Chegaram cedo esperando atendimento médico no imponente hospital com Pronto Socorro completamente desaparelhado ao enfrentamento do quadro de urgência urgentíssima. Então, a falta de atendimento era indesculpável. Entre os médicos não havia cardiologista disponível. Não havia caixa de emergência farmacêutica para emergência cardiovascular, nem mesmo um bendito comprimido de ácido acetilsalicílico, a conhecida aspirina. Nem monitor! O óbito ocorreu na chegada e na cara deles exibiu o despreparo do hospital a ponto de provocar o assustado corpo médico em conferência médica duas horas depois. Que erro!

Ciente de que mãe do menino me observava, dirigi minha atenção para o corpo que até então deveria levar para o necrotério. Fiquei desolado: corpo de menino branco, de boa compleição física, de uns 12 anos, louro, imóvel na maca fixa hospitalar. Morto! Morte que ataca criança e gente grande. Morte que é o nosso pior problema, que chega devagar ou fulminante. O macacão cortado até à cintura exibindo a pele com diversas manchas arroxeadas e outras vermelho-escuro, fazendo-me entender que houve infarto com dor intensa na região peitoral irradiando para o braço esquerdo, costas e possivelmente para o rosto. Olhares pelo corpo do menino enfartado que me deixaram muito perturbado. Pensamentos de pai de duas meninas: e se fosse comigo?!

Então, inesperadamente caiu sobre mim algo como fogo multicolorido em forma de coluna de fogo girante extremamente multifacetado, saudável e vivo. Ficava somente em mim. Levantei o rosto para o alto e lá estava o fogo girante descendo até os pés, girando em ondas ao redor, circulando em forças paralelas para a direita e para a esquerda ao mesmo tempo, alegremente interagindo dentro delas e entre elas, emergindo e imergindo dentro de si mesmas como se alegremente se saudassem, girando para dentro e para fora, subindo velozmente e voltando como fagulhas de fogo pulsante e vibrante, aos milhões de fagulhas de fogo multicolorido, pulsante, santo e vivo...

Maravilhado com o que eu comtemplava de olhos abertos, por instantes procurei acompanhar a direção e o sentido das alegres ondas de fogo que se intercalavam e eu olhava para cima e para baixo, e me virava para trás e para frente, levantando e inclinando a cabeça e retornava olhando para o outro lado; mas era impossível acompanhar o que acontecia dentro da coluna de fogo maravilhoso, santo e vivo cuja fonte não era deste lado da existência...

Se esta maravilha me extasiava...

Capítulo II - III

MANDA A MORTE SAIR DELE!

As mulheres receberam pela ressurreição, os seus mortos.[81]

Então, ouvi como que um estrondo:

— **Manda a morte sair dele!**

Jamais esquecerei. Mais do que de olhos abertos contemplando o fogo girante multicolorido, a ordem me causou estremecimento com profunda reverência e santo temor. O Altíssimo pronunciara uma ordem ao meu espírito imprimindo segurança, pois eu fora convencido espiritualmente pelo Espírito de Cristo quando à Fonte; mas levantei o rosto como se contemplasse Aquele que me falara e disse:

— Pai, eu nunca fiz essa oração. Não sei como fazer. Me ensina que faço...

— **Manda!**

Então, fixei os olhos no morto, estendi o abraço e mandei:

— **Morte, saí deste menino, agora, em Nome de Jesus!**

Como um relâmpago a coluna de fogo girante que estava sobre mim entrou no menino: espírito, alma e corpo, exatamente nesta ordem, pois este é o agir do Ressuscitado dentre os mortos e engrandecido à Destra da Majestade de Deus.[82] A vida de Deus fluiu e entrou no menino. Com ímpeto de vida. Diante dos meus olhos as manchas arroxeadas e outras vermelho-escuro instantaneamente desapareceram, deixando a pele na cor natural de menino forte e sadio. Eu contemplei a jugular externa pulsando. Eu comtemplei essa maravilha do agir de Deus na ressurreição física do morto. Eu não sei se antes do último suspiro ele teve consciência e medo de morrer e com algum gemido em forma de oração disse ao Pai do Céus: — *não me leves no início da vida*; mas instantaneamente o coração foi curado, o cérebro ganhou vida sem deixar lesões, o peito encheu de ar com força, ele abriu os lindos olhos, olhou-me de relance e sentou-se. Olhou em direção à mãe, instintivamente segurou com a mão direita os pedaços da roupa cortada, deu um pulo da maca hospitalar e gritou:

— Mãe!

Com três ou quatro passos estava abraçado à mãe que se inclinara para acolher o filho arrancado dentre os mortos e devolvido do Paraíso.

Olhando para mim ela perguntou:

— Quem é o senhor?

— Sou um homem de Deus!

Nesse instante o Espírito de Deus falou ao meu espírito:

— Saia daqui, imediatamente!

Sem pestanejar, sai da sala de Pronto Socorro, passei por trás do prédio de Ambulatórios e entrei na Sala de Ortopedia do outro lado, onde havia entregue o jejum. Fiquei olhando pela báscula entreaberta e vi a avó, a mãe e o menino caminhando em direção à saída do hospital, ao tempo em que aqueles médicos chegavam e se reuniam no pátio. De novo!

O diretor do Hospital ficou surpreso.

— Senhora, espere!

O aceno de adeus marcou o fim do Calvário e as duas Marias regressaram ao convívio com o levantado dentre os mortos...

Capítulo II - IV

O SILÊNCIO

E a paz de Deus, que excede todo o entendimento,
guardará os vossos corações e os vossos sentimentos
em Cristo Jesus.[83]

Ao longo da História da *"igreja de Deus... corpo de Cristo"* aparecem muitos relatos de ressurreição dentre os mortos como resposta às grandes perdas, ao sofrimento e especialmente ao testemunho a favor *"evangelho da graça de Deus... poder de Deus e sabedoria de Deus"*. As duas Marias esperavam a remoção do corpo para o Necrotério e de repente o menino retorna à vida!

Com a devolução do menino aos braços da mãe nada mais me restava para fazer ali. Da minha entrada à saída do Pronto Socorro haviam se passado entre 15 a 20 minutos, o tempo que durava aquele café matinal, inclusive para o corpo de oficiais. Dentro da ordem recebida eu devia localizar um servente e conduzir o corpo para o lugar próprio. O Espírito de Deus continuava no controle e eu nem imaginava o que poderia acontecer se ali permanecesse e fosse questionado pelo diretor de confissão kardecista.

De fato, o corpo médico retornou ao local e deve ter ficado confuso: a avó, a mãe e o menino já caminhavam em direção à saída e deixaram o hospital sem explicações do que acontecera; a enfermeira nada poderia dizer, pois não ficou na sala; o corpo médico não me encontrou no Pronto Socorro e o diretor do Hospital não exigiu explicações de minha parte. Nada obstante, nessa contagem de minutos temos a compreensão da ordem: Saia daqui, imediatamente! Obedeci, não oferecendo ao diabo ocasião[84] para ser envolvido em ato de indisciplina ou denúncia ministerial de possível crime de curandeirismo dentro de organização militar.

Em Deus encontramos a garantia de poder, resposta e segurança em meio aos enfrentamentos de morte e outras tribulações. Na Bíblia, a obediência é um princípio fundamental para aqueles que desejam andar na *"constância de Cristo"* e aprender o fundamento do discipulado: *Sem mim, nada podereis fazer.* O comprometimento de carregar a cruz, de entrega e rendição à vontade de Deus expressam amor confiança Nele.

Exercer autoridade contra morte, ainda que seja dentro de Hospital Militar, é evidência de que as operações do reino dos céus são imperativas e mais importantes do que decisões de comandantes de exércitos; mesmo porque o reino dos céus representa a soberania do Criador, Eterno e Todo-Poderoso. O discipulado *"em Cristo"* consiste na grande oportunidade de demonstrar se o discípulo está disposto a carregar a sua cruz enquanto segue a Jesus no caminho estreito, com dedicação incondicional, imediata obediência e até o sacrifício da própria vida diante do enfrentamento com a morte. O que fica realçado no contexto dos fatos é se Deus consegue encontrar alguém que queira dar atenção às ordens celestiais confirmando a obediência por fé.

> Se alguém quiser vir após mim, renuncie-se a si mesmo, tome sobre si a sua cruz e siga-me; porque aquele que quiser salvar a sua vida perdê-la-á e quem perder a sua vida por amor de mim achá-la-á. Pois que aproveita ao homem ganhar o mundo inteiro, se perder a sua alma? Ou que dará o homem em recompensa por sua alma?[85]

Interessante que, a ordem do reino dos céus levou-me a meditar na incoerência do que falei: *Pai, eu nunca fiz essa oração*. Incoerência, pelo fato de ser tão conhecido o verbo *mandar*. Minha incoerência não foi pelo fato de ter feito um pedido, mas o pedido estava dentro da conjuntura deficiente de experiência religiosa. Não era hora de falar de oração. O assunto já estava resolvido! O imperativo *manda a morte sair dele* já havia respondido às orações das duas Marias... e quem sabe, do menino ao perceber a morte...

Ora, o diretor mandou e prontamente respondi: *sim senhor*; e não falei: *eu nunca fiz isso, me explique como fazer* (pois que eu ainda não havia feito registro de morto naquele Gabinete). Mas o Criador e dono de todas as coisas dissera *manda* e da minha parte a coerência seria: *sim, Senhor*. Não é?

Na verdade, o Pai Celestial é detentor de habilidades mais do que extraordinárias para fazer tudo novo. Não era questão de incredulidade de minha parte, considerando que eu conhecia os casos de ressureição de morte registrados na Bíblia onde não houve essa ordem. Neste contexto, o meu problema estava na formação religiosa: eu nunca havia lido de alguém dando ordem à morte, fato que me confrontou, deixando-me completamente surpreso com o ponto fora da curva: Aquele que deu a ordem queria que eu confrontasse o invisível, no caso, à morte.

No Autor da vida tudo é maravilhoso, novo, surpreendente e vivo.

O anjo de Deus apenas me dissera: *Isto é contigo!* O anjo de Deus, extremamente gentil, continuava interessado em ver a minha admiração contemplando a insondável maravilha que ele conhece e contempla muito mais do que eu possa pensar; mas dentro da minha insuficiência fazer o quê? O homenzinho dentro da coluna de fogo girante e extasiado com a maravilha, ergueu os olhos e fez a desnecessária pergunta, quase que infantil, ao Pai Celestial; e com amorosa atenção não o advertiu da desinteligência momentânea mas respondeu com uma palavra. Por outro lado, se a ordem não fosse exarada pelo Pai dos espíritos, o que o homenzinho poderia fazer?

> Graças te dou, ó Pai, Senhor do céu e da terra, que ocultaste estas coisas aos sábios e entendidos, e as revelaste aos pequeninos.[86]

O Bom Pastor que deu a Sua vida em sacrifício único[87] e pelo Espírito Eterno ressuscitou para fora dos mortos,[88] nos confronta e nos consola em meio às angústias e enfrentamentos no ministério, já antecipando a glória das moradas celestiais que Ele está preparando para que estejamos com Ele onde Ele estiver.[89] Ora, a glória de Cristo é de excelente e infinita grandeza, a ponto de nos ter sido notificado: *"E a cidade não necessita de sol nem de lua, para que nela resplandeçam, porque a glória de Deus a tem iluminado, e o Cordeiro é a sua lâmpada."*[90]

O episódio demonstra o discípulo como instrumento da perfeita e santa vontade de Deus garantindo o que nos manda fazer, como está escrito:

> Eu sou a videira, vós, as varas; quem está em mim, e eu nele, esse dá muito fruto, porque sem mim nada podereis fazer. [...] Porque para Deus não haverá impossíveis em todas as suas promessas.[91]

O Eterno e Todo-Poderoso não apenas controlou os fatos, devolveu o menino à mãe, cuidou de me afastar imediatamente do local, impediu o diretor do hospital de me fazer perguntas e me ensinou grandezas que jamais imaginava...

Por certo o aprendizado seria praticado em outro episódio...

Somente Deus poderia, na Sua bondade, trazer o menino ao viver com as duas Marias, o pai e os demais das famílias e dos irmãos na fé em Jesus, confirmando a gloriosa promessa: E eis que eu estou convosco todos os dias, até a consumação dos séculos.

Capítulo III - I

A ORAÇÃO EXTREMA

Despedida a congregação de crentes que se reunia no salão alugado na Rua Vitorino Braga, pertinho de minha casa na Heitor Guimarães, alguns irmãos ficaram comigo em oração e já estávamos encerrando aquele período. Certo homem entrou no salão de cultos e discretamente sentou-se. Eu não o conhecia. Noite de inverno que chega nos ossos, ruas vazias e vento soprando. Passava das 22:00.

— Em que posso ajudar? Eu lhe perguntei.

— Pastor, meu irmão está considerado morto. Fomos avisados. Gostaria que o senhor fosse comigo ao Hospital João Felício e fizesse uma *oração extrema* por ele. Pode ser a última... não sei... não sei se ele vai ouvir...

Apeguei-me à dor de Antônio. De alguma forma a doença faz parte da experiência humana desde a Queda.[92] Que tragédia! Todo sofrimento da Humanidade começa nesse momento...

Estando a caminho, Antônio me disse ser irmão de Sebastião, pedreiro, das antigas empreitadas de construção de meu pai em Manhumirim/MG. Lembrei-me daquele homem alto e comunicativo. Os anos haviam se passado e agora Antônio e Sebastião eram assembleianos cooperando nos trabalhos missionários.

— Meu receio é de que ele morra em condenação eterna — continuou.

— Me fale a respeito dele...

— Continua obediente aos guias e faz oferendas aos exus. É bem conhecido dos cambonos. É macumbeiro praticante. Ele gosta de ler ensinos do kardecismo e sua casa é cheia de ídolos.

— Ele já foi avisado desse perigo de desagradar a Deus? Ele está ciente de que atrás de ídolos existem demônios? Esta revelação é milenar, desde os ensinos de Moisés.[93]

— Sim, foi bem avisado. A gente respeita, pois não somos de brigar na família por causa de religião. Cada um escolhe a sua. De nossa parte não faltaram avisos, jejuns e orações para que ele abandonasse as práticas ocultas e fosse um bom crente seguindo a Jesus; mas continuou cego, nada quis com o Evangelho de Jesus. Ele está ciente de que eu e Sebastião abandonamos a idolatria, escapulários,[94] práticas religiosas, rezas e romarias... O nosso testemunho é conhecido de toda a igreja e também no trabalho...

— E o que aconteceu com o irmão internado?

— Ele trabalhava em um ferro velho perto daqui, na Avenida Brasil. Enquanto o maquinista da carregadeira enchia o caminhão, uma peça de trilho de trem de ferro escapou e bateu forte no peito e dizem que esmagou as pernas dele. Desmaiou e foi carregado às pressas para o Pronto Socorro do Hospital e está no CTI. Estamos em oração, a igreja está orando... mas chegou o aviso do pior...

Ainda caminhando e eu pensando sobre o perigo do engano de demônios e espíritos imundos com enorme capacidade de enganar: aparições, assombrações, fantasmas, feitiçarias, laços do diabo... e não faltam exortações severas nas Escrituras para mostrar esse perigo. Aqueles dois irmãos se esforçavam para ganhar para Jesus o outro irmão, pois mais vale uma alma do que o mundo todo. As exortações das Escrituras clarificam aquilo que o próprio Deus disse sobre este assunto quase 3.500 anos atrás. Deus não quer a morte do ímpio e, sim, que se converta. O Eterno e Todo-Poderoso continua contra quaisquer expressões e formas de ocultismo e devemos perfilhar as instruções sagradas por aquilo que elas realmente são: instruções de um Deus amoroso desejando que ninguém fique preso nas regiões das sombras e das trevas de onde podem mergulhar para morte. Definitivamente! Devemos prestar atenção às advertências...

Certa Irmã de Caridade estava de plantão na Portaria do Hospital João Felício.

— Senhora, Antônio, aqui presente, veio até mim solicitando oração extrema pelo irmão dele gravemente ferido e baixado ao CTI. Caso sem esperança, como foi avisado pelo Hospital e a família na expectativa da perda se prepara para possível sepultamento. Sei que a hora é avançada; mas trata-se de caso de urgência urgentíssima e peço a gentileza de permitir que eu suba até o enfermo e ministre a oração...

Creio que ela entendeu que a mim cabia fazer algo como a *extrema unção* administrada *in articulo mortis* (a ponto de morrer) pelo sacerdote católico; e permitiu, apenas solicitando que Antônio aguardasse ali na Portaria.

Capítulo III - II

O POLITRAUMATIZADO

Apresentei-me à Enfermeira Chefe na antessala do CTI, dois ou três andares acima. Eu lhe disse que, apesar da hora avançada, atendia ao pedido da família, cujo irmão do paciente estava na Portaria. Ela apontou na direção do politraumatizado e me forneceu veste própria para acesso ao ambiente.

Dava pena! Deitado na Tala de Tomas acolchoada e completamente imobilizado. Cateter urinário e sonda nasogástrica. Cheiro de sangue e edemas visíveis. Despido, mas coberto para manter a temperatura corporal. Equipamento endovenoso de sangue e de soro. O pano cirúrgico cobrindo o seu rosto...

— Caso gravíssimo, ela disse. Ele chegou completamente inconsciente e assim permaneceu. E continuou: esmagamento e fraturas nos ossos da perna esquerda muito sensíveis à crepitação óssea. Informação da queda de pedaço de trilho como mecanismo causador das lesões múltiplas. O ortopedista suspeitou de fraturas de coluna lombar e torácica e nós esperávamos o melhor momento para radiografar...

Ela continuava atenta a cuidados de um e de outro e antes que eu perguntasse me esclareceu:

— Ele deu entrada direto no CTI e o ortopedista falava que a extensão do trauma deve ter causado hematomas profundos, laceração de fígado, fraturas pélvicas e/ou outras injúrias múltiplas associadas com possível ruptura de baço e perda sanguínea significante. Está tudo anotado na papeleta hospitalar. Nós fizemos o possível...

— E este pano sobre o rosto dele?

— Pastor, anotei e conferi com a devida atenção a ausência de reações conforme escala própria. Com a inexistência de sinal de vida anotada e conferida, cobri o rosto do paciente. Lamento pela família e pelo irmão na Portaria. Mais um pouquinho e desligarei equipamento de monitorização e retirarei as sondas para remoção do corpo. O atestado de óbito assinado pelo médico ortopedista está na mesinha, caso o senhor queria ler...

Contemplando o defunto que morrera sem ser em grande sofrimento, perguntei a mim mesmo: — Antônio me pedira *oração extrema*, queria o bem para o seu irmão e no Tribunal de Cristo *"cada um receberá do Senhor todo o bem que fizer"*;[95] porém *"aos homens está ordenado morrer uma só vez, vindo depois disto o juízo"*.[96] Surgiu a questão: diante do morto que havia resistido aos apelos para deixar de servir aos exus e sair do poder das potestades rebeldes contra o Altíssimo para servir a Jesus, a luz do mundo, o que dizer em oração?

Continuavam as orações na Portaria, na família, na igreja...

Capítulo III - III

MANDA A MORTE SAIR DELE!

A cidade dormia. Antônio me pedira *oração extrema* pelo irmão. Aparelhos desligados. Chegara ao fim o esforço incansável da Enfermeira em seu trabalho. Completa ausência de sinais de atividade cardíaca e cerebral fechavam o ciclo. O atestado de óbito assim o dizia. O homem com o rosto coberto seria removido para o necrotério. Orar pelos mortos não é um conceito bíblico. Que oração se faz diante da morte? Que sentido existe em orar quando a ciência médica nos confronta e encolhe e espanta com o completo desaparecimento dos sinais de vida no corpo de quem amamos?

A morte é definida como o ponto em que o coração não mais pulsa e assim o fluxo de sangue para o músculo do coração é interrompido e o cérebro não mais recebe sangue. A morte é final e depois disso, nenhuma quantidade de oração vai beneficiar uma pessoa que ouviu e rejeitou a salvação durante a vida. A vida estava como por delicado fio de prata, que, ao se romper, causa a falência do coração — o copo de ouro; e o corpo volta ao pó de onde veio.[97]

As orações de outras pessoas podem expressar conforto e solicitude; mas não vão mudar o resultado. Ladainhas, missa de corpo presente[98] e rezas nada valem e expressam meras formalidades litúrgicas sem sentido, mas enganam e geram lucros. Não têm nenhuma influência sobre alguém que já morreu. No momento da morte o fio de prata se rompe e o destino eterno já está confirmado e selado.

> E, como aos homens está ordenado morrerem uma vez, vindo, depois disso, o juízo, assim também Cristo, oferecendo-se uma vez, para tirar os pecados de muitos, aparecerá segunda vez, sem pecado, aos que o esperam para salvação.[99]

Eu olhava o declarado defunto e pensava: quem pode na terra aclarar a escuridão, afastar as trevas, estancar o pranto, penetrar nesse mistério de sombras e morte e mudar o Norte? Parei de pensar e retirei o pano que lhe cobria o rosto de olhos fechados. Presságios e provas do que já estava mais profundo e muito além do que sombras e trevas.

Levantei mãos e olhos aos Céus e orei:

— Pai, o que devo fazer nesse momento?

— **MANDA A MORTE SAIR DELE!**

Esta foi a ordem que ouvi no caso de menino e nem fiz perguntas: o caso estava resolvido. O homem de Deus aprende a seguir as ordens do Reino dos Céus. O homem espiritual ouve o que o homem carnal não consegue ouvir. O politraumatizado teria a sua chance. Rompi o silêncio:

— **Morte, sai dele agora, em nome de Jesus!**

Ele estremeceu e a Enfermeira olhou o monitor... Ele estremeceu, escancarou os olhos, olhou para mim e perguntou:

— Quem é o senhor?

— Sou um homem de Deus!

Agora o estremecimento deixava escorrer as lágrimas pelo rosto suado. O fio de prata não se rompera e o copo de ouro ficou cheio de sangue.[100] O Nome de Deus o fez estremecer fortemente e com lágrimas. O poder do pecado quase o lançara na morte eterna. O quase defunto começou a contar o que eu não imaginava ouvir e procuro transmitir:

— Eu estava ajudando a carregar o caminhão, a carregadeira levantava o material e despejava na carroceria. Este emprego foi resposta de pedido aos guias. E veio o lance de pegar pedaços de trilho de ferro, um deles não cabia na pá e despencou em cima de mim. Não consegui pular fora da bruta pancada raspando na cabeça e batendo forte no peito, na perna e pensei: — dessa não escapo. Então, ouvi alguém gritando: — depressa, para o João Felício e desmaiei de tanta dor. Perdi a noção de dia e noite, mas por alguns momentos percebi que cuidavam de mim, não sei por quanto tempo... até que sai do meu corpo...

A conversa demorou mais uns dez minutos entre confissões e engasgos ao correr das lágrimas.

A Enfermeira continuava admirada com o ocorrido...

Desci e falei com Antônio.

Capítulo III - IV

E HOUVE FESTA NO CÉU

Assim vos digo que há alegria diante dos anjos de Deus por um pecador que se arrepende.[101]

— Alegre-se, Antônio!

— O irmão pastor fez a oração extrema?

— Nem comecei.

— Quê?!

— Deus ouviu as orações. Houve festa no Céu! O Bom Pastor que deu sua vida pelos pecadores arrancou seu irmão da morte e do inferno e lhe deu oportunidade de perdão e salvação no Senhor Jesus. Sim! Mas vamos andando que já passa da meia noite e o frio corta por dentro, cortando sem dó...

— Aleluia!!! E como aconteceu?

— Entre engasgos e lágrimas ele disse que em determinado momento deixou o corpo quebrado e estava caminhando em uma rua estranha quando percebeu a entrada de um prédio muito grande. E continuou: — fui andando e entrei pela garagem do prédio; mas era entrada de caverna com porta de ferro reforçado. Não tive medo, pois meus guias estavam comigo e havia uma coisa esquisita como uma luz negra indicando a descida. Eu percebia outros guias com olhar zombeteiro ao perceberem minha presença e fiquei desconfiado se haveria briga entre eles.

— Então, ele estava mergulhando no inferno?

— Não, Antônio. Ele não disse isso. Ele disse que saiu do corpo e estava descendo em uma garagem escura com porta de ferro. Eu entendo que, a cada passo, ele descia na misteriosa região da sombra e da morte; mas apesar de os sinais de vida não mais serem perceptíveis, algo ainda o conectava ao corpo no CTI, apesar do atestado de óbito assinado o que me leva a entender de expedientes da alma.[102] Então, o seu irmão continuou: — aqueles guias não mexiam comigo, nem chegavam perto de mim porque meus guias não deixavam. Comecei a descer mais para o fundo e ia ficando mais escuro. Com certa dificuldade eu conseguia enxergar na escuridão.

— Quer dizer que na escuridão ele conseguia ver?!

— Irmão, do que posso entender, ele via como alguém é capaz de ver em noite escura. Ele continuava consciente e destituído de forças físicas, como alguém desvitalizado. Para ele não havia saída. E ele continuou...

— Havia muitas celas, mas nas portas das grades não havia cadeados. Era uma espécie de cativeiro consciente, escuro, imenso e superlotado, cada um blasfemando, desprezando, praguejando ou xingando os outros. Cheiro de enxofre e de coisa muito podre. Comecei a ouvir gente chorando, gemendo de medo, gritando e se lastimando da vida. Gente praguejando tipo me tirem daqui e eu ali descendo... descendo, sem me importar com gente desconhecida naquelas grades. Gente de todo lado.

— Pastor me ajude a entender: Davi disse que se ele andasse no vale da sombra e da morte não teria medo...

— Amado, entenda a diferença: Davi fala de certa área geográfica mais baixa de determinada região denominada vale, espécie de depressão entre montanhas. Ele escreveu a poesia em ocasião de grande necessidade; mas apesar de citar o local conhecido na área de desertos a que denomina de *"vale da sombra e da morte"*.[103] Ele não era um cego caminhando para a morte e firmemente manifestou a sua crença no Eterno. Isaías não escreve poesia: ele proclama a futura vinda do Messias Libertador à Galileia das nações. No Novo Testamento o apóstolo Mateus aprova e lembra a profecia: — *"o povo que estava assentado em trevas viu uma grande luz; e aos que estavam assentados na região da sombra de morte a luz raiou."*[104] Os milhares de milhares de habitantes dessa grande região rodeada de pagãos estavam habituados à opressão espiritual, moral, política, religiosa e social; mas a glória do conhecimento do evangelho da graça de Cristo em pureza e verdade resplandeceu e continua resplandecendo...

— Muito bom.

— E seu irmão continuou: — A cada degrau escorregadio eu continuava descendo e ficava mais escuro. Lugar horrível! Lugar de muito sofrimento! Nem percebi quanto já havia descido. O demônio carcereiro me acenava com um candeeiro de luz negra para acompanha-lo e eu descia mais para o fundo da caverna, mas não entendia a lógica da escuridão. Então, em determinado momento eu percebi que meus guias se afastaram de mim e nada fizeram para impedir os acenos do carcereiro. Fiquei com muita raiva deles porque me abandonaram na escuridão e entrou a dúvida: por que eles não me livraram da pancada no ferro velho? Não me avisaram do perigo...

— Mas pastor, quer dizer que se alguém continua nessas regiões de sombras e morte de que Isaías profetizou não consegue libertação?

— Antônio, deixe-me ajudar e é simples. A impressionante profecia de Isaías apresenta poderosas verdades convocando o povo à futura libertação pelo agir de um Maravilhoso Redentor dos Povos. Assim, a Galileia dos gentios *"viu uma grande luz"*, pelo fato de que em Cristo Jesus *"resplandeceu a luz"*, as portas dessa misteriosa *"região da sombra e morte"* continuam escancaradas e cada indivíduo deve fugir, recomeçar a vida e voltar *"ao primeiro amor"*. Então, a poderosa profecia continua em curso,[105] pois Jesus enfatizou: *"Enquanto estou no mundo, eu sou a luz do mundo. Eu sou a luz do mundo; quem me segue não andará em trevas, mas terá a luz da vida."*[106] Igualmente importante é Moisés e Elias, represented da Lei e dos Profetas, no Monte da Transfiguração que demonstra a glória, a majestade e a realeza que se cumprem na divindade em Jesus, exclusivamente: *"E transfigurou-se diante deles; e o seu rosto resplandeceu como o sol, e as suas vestes se tornaram brancas como a luz."*[107] Neste caso é pleno o testemunho de Deus a respeito do Filho e a Nova Aliança esta firmada neste testemunho. O que Deus falou do jeito que Ele falou não merece retoques. Todo aquele que quiser abandonar a escuridão da alma (emoção, intelecto e vontade), arrepender-se de seus pecados, carregar a sua cruz, ser um discípulo de Jesus e segui-Lo tem liberdade.

— Bem lembrado, pastor. A cena da transfiguração de Jesus aconteceu na presença de Pedro, Tiago e João que ficaram cheios de temor e Deus falou no meio da nuvem: *"Este é o meu Filho amado; a ele ouvi."*

— Sim, mas veja a incoerência daqueles que correm atrás de falsas interpretações do *"evangelho graça de Deus... poder de Deus e sabedoria de Deus"*: o seu irmão enchia a mente com os ensinos kardecistas, estava preso aos demônios, fazia caridade, mantinha os ídolos do lar, desprezava os apelos para abandonar os pecados, obedecia aos guias e continuava idólatra, orgulhoso e rebelde. Este é o retrato do pecador rebelde, como diz a Escritura: o *"deus deste século cegou os entendimentos dos incrédulos, para que não lhes resplandeça a luz do evangelho da glória de Cristo, que é a imagem de Deus.*"[108] No Pentecostes o derramar do Espírito de Cristo de tal maneira fortaleceu o espírito dos discípulos de Cristo, que o apóstolo Pedro lembrou Moisés: *"O Senhor vosso Deus, levantará dentre vossos irmãos um profeta semelhante a mim; a ele ouvireis em tudo quanto vos disse. E acontecerá que toda alma que não escutar esse profeta será exterminada dentro o povo."*[109] Ora, Moisés e todos os profetas apontaram para Jesus, o Filho de Deus, plenamente poderoso suficiente para redimir a raça humana da escravidão de Satanás, da morte e do pecado; mas nem todos querem sair da *"região da sombra e da morte"*; e se permanecerem presos *"haverá choro e ranger de dentes"*.

— Exatamente!

— Então, Antônio, em linhas gerais, quanto à inerrante profecia de Isaías entendo da existência de dois momentos: aqueles emocionalmente e moralmente presos em *"doutrinas de homens"*, falso batismo no Espírito Santo, falso profetismo, incredulidade, obras da carne,[110] oblações e rezas pelos mortos, salvação pelas obras, sectarismo e tradições vazias; e aqueles que, apesar de avisados, nunca se arrependeram das iniquidades e definitivamente perderam a oportunidade de salvação. Não podemos nos esquecer de que Deus não tem prazer na morte do ímpio, mas em que se arrependa de seus caminhos de pecados e viva.[111] Os primeiros podem chegar ao arrependimento dos pecados, conhecimento da verdade — que é Cristo — e como discípulos de Cristo recomeçar suas vidas.[112] Quanto mais alguém continua envolvido com *"o outro evangelho"*,[113] paixões e pecados mais preso fica *"na região da sombra de morte"*; e havendo alguma fatalidade com a declaração formal de morte física, ele começa a descer para as partes mais profundas dessa região sombria e terrível... e entra em condenação eterna e depois disto, o Juízo.

E seu irmão continuou: — Então comecei a entender que o meu corpo ia apodrecer na terra, estava morto, morto mesmo, morto, quebrado. Não havia mais jeito para mim. Desorientado e preso na escuridão, olhava para um lado e para o outro, não sabia como sair da caverna, continuava desvitalizado e em solidão terrível. Fiquei aterrorizado! Minha caridade aos pobres, minhas oferendas aos exus e minhas rezas não conseguiriam me livrar daquele lugar e eu estava condenado a ficar eternamente nas trevas e sofrimento esperando o Juízo Final e ser lançado no inferno, como os crentes dizem. Entendi que estava errado o que eu lia nos livros.

— Então, pastor, o meu irmão tinha consciência do Juízo Final!

— Claro! A consciência após a morte é fato, porque o salário do pecado é a morte. Aliás, a Bíblia demonstra que a morte é a consequência inevitável do pecado e realça esse fato como a separação entre *"alma"* e *"corpo"*, pois o pecado roubou, em parte, a vida eterna da humanidade.[114] Neste enfoque é bom que tenhamos certeza dessa consciência. Jesus revelou a situação de Lázaro e do rico após a morte de cada um, conforme Lucas, o médico evangelista, registrou. Lázaro alcançou a bênção do reino dos Céus e o ganancioso não: estava consciente do fato da morte, consciente da condição de julgamento e de não haver desculpas para perda da oportunidade de salvação.[115]

E seu irmão continuou: — Eu adorava Lúcifer, mas estava mergulhado em pecados e em trevas. Fiquei desesperado, desvitalizado, sem forças, sozinho e em trevas. O desespero tomou conta de mim. Porém, de repente e na mais absoluta escuridão ouvi um grito muito forte na forma de ordem poderosa; e como um relâmpago apareceu um Vigilante armado com espada de fogo.

Eu não entendi aquela glória, mas ele me pegou pela mão e com incrível velocidade me puxou para fora da caverna, me trouxe ao hospital entrei no meu corpo e arregalei os olhos cheio de espanto.

— Antônio, foi nesse momento que seu irmão estremeceu forte e arregalou os olhos muito espantado diante de mim que estava ao seu lado. A ordem veio dos Céus dentro do princípio *"antes que o fio de prata se rompa"*.[116] Aqui a palavra *"antes"* fecha a questão, considerando que Deus continua no controle de todas as coisas. Diante do atestado de óbito eu nem imaginava o que dizer e nem comecei a fazer a oração; porém, eu obedeci a ordem, mandei a morte sair dele entendendo perfeitamente que o curso definitivo da morte foi instantaneamente interrompido em resposta às orações dos crentes. Fui apenas o instrumento de Deus para cumprir a ordem. Em obediência ao que Deus determinou, gritei contra o invisível, gritei contra a morte. Eu mandei a morte sair dele conforme a ordem recebida — é importante frisar esse ponto.

— Gritar contra o invisível! Que coisa tremenda!

— Esse é o poder pentecostal disponível a todo aquele que exerce fé em Jesus; e infelizmente muitos ficam presos aos dogmas e regulamentos religiosos e não conseguem resultados sobrenaturais em seus ministérios. Eu não entrei nas sombras e da morte; mas a ordem alcançou o invisível pelo poder de Deus que está acima de todas as coisas. Ele estava descendo cada vez mais para o fundo da região das sombras e da morte e instantaneamente a ordem celestial interrompeu a fatalidade. Ele ouviu o grito sem entender de que se tratava. No instante em que o fio de prata seria rompido — isto significa morte — o ministro celestial que ele chamou de Vigilante interferiu com ordem para interromper o processo e o arrancou da condição em que ele estava. Nosso Deus é soberano! O ciclo da morte foi interrompido por um ato de misericórdia de Deus. O escravo do diabo entraria em condenação eterna se o fio de prata fosse rompido e depois do Juízo Final seria lançado no *"lago de fogo preparado para o diabo e seus anjos"* que é o destino eterno dos perdidos.[117] O ministro celestial é espírito, entrou nessa região terrível, completou sua missão. O indivíduo descrito no atestado de óbito como morto estremeceu fortemente, abriu os olhos e perguntou quem eu era. Então eu me apresentei e disse o que fazia ali ao seu lado:

— Eu atendi ao pedido de Antônio para vir aqui fazer a oração extrema. Conferi, observei e ouvi a Enfermeira. Morte morrida atravessou no seu caminho. Então veio a ordem para mandar a morte sair do seu corpo e eu gritei contra a morte, em nome de Jesus gritei contra o invisível e o anjo vigilante pegou você pela mão e o livrou da perdição. Não volte atrás! Os guias não puderam livrá-lo da pancada, nem da morte, nem das trevas e terminaram a tarefa que lhes foi imposta: leva-lo para as moradas do diabo, o pai da mentira e despejá-lo à beira do abismo eterno que é a morte. Por pouco, hein? Você continuou cego e endurecido de coração ao rejeitar os apelos para se desviar da enganação, dos exus, dos ídolos e do inferno. Você entrou na parte profunda da região dos mortos destinados ao Juízo Final e do fogo eterno que jamais se apagará. Você vivia sob o domínio do pecado e não invocou o nome do Eterno e Todo-Poderoso; porém, o Eterno decidiu dar um tempo de arrependimento em resposta às orações dos crentes.

— Eu não acreditava no Juízo Final, pensava que minhas oferendas e rezas me salvariam; mas eu vi que os meus guias me abandonaram na escuridão e na hora que mais precisei...

— Pensava errado! O que você fez foi agradar ao príncipe deste mundo, o maioral dos demônios e ofender ao Deus que ofereceu Jesus para ser o seu Senhor e Salvador. O Espírito de

Cristo Jesus me deu ordens e mandei a morte sair de você e instantaneamente o Vigilante resplandeceu nas trevas e o puxou para fora, porque Jesus é a luz do mundo. Só existe uma coisa certa para fazer neste momento: arrependa-se dos seus pecados e confesse a Jesus como seu Senhor e Salvador que lhe deu essa oportunidade de ser salvo em resposta às orações de seus irmãos, como está escrito pelo profeta Joel: *"Todo aquele que invocar o nome do SENHOR será salvo"*. Seja salvo agora!

— Eu aceito! Eu quero Jesus! Meu Deus, me perdoa! Perdoa a ofensa que cometi enquanto eu servia aos guias e não invocava o Nome do Deus Forte e Poderoso. Quero me unir aos meus irmãos na igreja...

— Então, eu o abençoo nesse propósito. Entre as lágrimas de arrependimento, oramos juntos e ele confessou Jesus como seu Senhor e Salvador declarando que queria ser um crente em Jesus ao lado de seus irmãos na igreja e renunciava as obras e os lações do diabo, o pai da mentira. Quanto mais cego Satanás deixa o homem, melhor; mas Deus atendeu às orações dos crentes, arrancou você do domínio das potestades satânicas e o trouxe para o reino do amor de Jesus.

Antônio e eu estávamos com os corações esbraseados. Já estávamos distantes do Hospital e não foi em vão a nossa caminhada como que andando e chorando: voltamos com alegria e os frutos seriam demonstrados. O anjo de Deus agiu com ordens do Reino dos Céus e em resposta às orações dos crentes. O anjo de Deus presenciou a ministração do *"evangelho da graça de Deus... poder de Deus e sabedoria de Deus"* e ouviu o escravo de crenças ocultistas confessando a fé em Jesus como Senhor e Salvador, declarando o desejo de se unir aos irmãos na igreja. O fogo pentecostal foi aceso no novo convertido. O grande Pastor das ovelhas pelo sangue da

Nova Aliança demonstrou que responde as orações dos crentes e não existem limites em Seu amor pelos perdidos. Quase ao romper do fio de prata o perdido em sombras e trevas foi arrancado dos portais do inferno e transportado para o reino do amor de Cristo.[118] Que maravilha! Que poder pentecostal!

Já estávamos chegando ao local em que nos despediríamos em direção às nossas casas, com os corações ardendo em fogo pentecostal e gratos a Deus por haver livrado da morte eterna e registrado mais um nome no Livro da Vida.

Pela compaixão e graça de Deus aquele que estava condenado ao inferno alcançou a consciência de haver saído das entranhas das sombras e trevas que definitivamente levam o pecador para a morte eterna todo aquele que não tem o nome escrito no livro da vida.[119]

O amanhecer começaria com esperança renovada...

Capítulo III - V

COISA DE UNS SEIS MESES DEPOIS...

Certamente, diante da complexidade do caso cirurgias, exames de laboratório, incessante monitoramento e procedimentos sequenciais foram disponibilizados ao paciente no politraumatizado com intensa terapia minimizando as complicações. Daí a necessidade de hospitalização e cuidados de fisioterapia a fim de garantir a recuperação e a sobrevivência com qualidade de vida.

Certo dia eu e Célia estávamos descendo pela Barão de São João Nepomuceno, no Centro, quando percebi a aproximação de uma Kombi. O motorista diminuíra a marcha e ouvi alguém me chamando.

— A paz do Senhor, pastor. Tudo bem? O rosto sorridente era de Sebastião, o irmão de Antônio e do ressuscitado.

— Aleluia! Graças a Deus pela paz que Ele nos dá, Sebastião. Que surpresa!

— O senhor quer notícias daquele que foi arrancado do inferno?

— Claro, estava querendo notícias...

— Ele continuou hospitalizado, passou por cirurgias, foi transferido para a enfermaria e começou o longo tratamento de fisioterapia. As visitas foram permitidas, ele contava o que lhe acontecera e os irmãos se alegravam. Coisa de uns seis meses ou pouco mais. Ele se converteu mesmo! Lia o Novo Testamento e se alegrava com as curas e os milagres. Depois teve alta e ao chegar em casa quebrou os ídolos e queimou os livros de feitiçaria. Ele congrega conosco na Assembleia, visita as pessoas ao redor e fala de Jesus como Senhor e Salvador...

Lembrei-me do relato de Lucas, o médico:

> Também muitos dos que haviam praticado artes mágicas, reunindo os seus livros, os queimaram diante de todos. Calculados os seus preços, achou-se que montavam a cinquenta mil denários. Assim, a palavra do Senhor crescia e prevalecia poderosamente.[120]

O *"crente em Jesus"* foi chamado ao exercício da fé exclusivamente em Jesus, ser batizado no Espírito de Cristo e continuar cheio do Espírito Santo na esfera (círculo, ao redor de) do agir de Deus.[121]

Pronto!

Testemunho vivo!!!

Capítulo IV - I

APENAS ORE...

A história da igreja reunida para o culto público ficou marcada com a intervenção divina. Acontecem coisas extraordinárias enquanto alguém se entrega à oração perseverante. Aquela tarde de domingo marcou, especialmente a minha vida. Como lemos no Novo Testamento *"mulheres receberam pela ressurreição os seus mortos"* (Hebreus 11.35).

Assim, como nas demais tardes de domingo, eu levava Célia, Flávia e Alice para o apartamento de d. Zélia, no Conjunto Redentor, Centro. Então, regressava à minha casa na Rua Heitor Guimarães, 46, e me entregava à leitura da Escrituras e orações. E me trancava mesmo. Era hábito, aos domingos. Nada de atender telefone, pessoas ou outra qualquer coisa que me impedisse de manter o tempo em oração e leitura das Escrituras. O momento era de espera e preparo para o culto à noite.

Certo domingo, ao me levantar das orações, às 18 horas, cheguei à janela dos fundos do meu quarto, olhei para o céu azul e fiz esta oração: — *Pai, o que queres de mim, hoje à noite?!*

— **Apenas ore.**

Ele disse.

Ele veio com resposta. Eu o vi, nitidamente. Eu vi o rosto do anjo.[122]

Não falei em línguas, não pulei de alegria e houve perfeita paz e segurança. Não seria eu o portador da mensagem aos queridos irmãos que se reuniam naquele templo, na Rua Sete de Setembro, depois da ponte do Rio Paraibuna, cujo prédio dava vistas para o final da Rua Halfeld, onde antigamente, outros se reuniam como Igreja do Calvário (o prédio ainda existe como casa comercial).

Então, me aprontei. Busquei Célia e as meninas. Cheguei cedo. Do lado de fora, na calçada, encontrei alguns pastores e nos abraçamos. Por afeição e respeito, acreditaram e insistiram que a mensagem da noite estaria comigo; mas eu lhes disse do meu propósito de apenar orar pelos irmãos. Nada revelei do que havia recebido do ministro de Deus.

O culto público começou, como de costume, às 19:30. Após alguns minutos da oração inicial com a congregação de joelhos, os amados irmãos se assentaram e começaram os cânticos intercalados com orações de agradecimento e de glorificação ao Senhor.

Capítulo IV - II

ANJOS

A criação e existência dos anjos estão claramente demonstradas no Antigo e no Novo Testamentos. Ao longo da Bíblia Sagrada verificamos que os anjos foram criados pelo Altíssimo Deus antes da criação da terra, portanto, no princípio de todas as coisas. Essa revelação veio ao nosso conhecimento quando o Grande Revelador de Mistérios abriu um pouquinho as cortinas celestes que escondem os Seus muitos e preciosos segredos. Foi um ato único na eternidade, como elo entre o poder da Palavra e o poder o Espírito de Deus, como está escrito (ênfase nossa): *"Pela palavra (hb dâbar) do SENHOR foram feitos os céus; e todo o exército deles pelo sopro (hb. ruach) de sua boca."*[123]

Daniel informa em número de milhões de milhões os anjos a serviço do *"ancião de dias"*; expressão que ele emprega reconhecendo o Eterno como o Juiz que há de julgar todos os povos e reinos no fim dos tempos. Encerrando o jejum de 40 dias Jesus foi servido por serafins. No Apocalipse encontramos ministrações de anjos poderosos executando ações de juízo contra o reino dos dois homens de Satanás e as hostes de ímpios marcados com o número/sinal da besta.[124]

Desde a Criação original, antes da criação da Terra, os anjos de Deus exultam de santo regozijo o que também podemos fazer enquanto estamos do lado de cá da existência diante das maravilhosas intervenções e obras do SENHOR. Em várias partes das Escrituras os anjos aparecem participando da adoração, do louvor e do serviço prestado ao SENHOR. E assim, O louvamos como os salmistas. Aleluia! Louvai ao SENHOR![125]

Os anjos são dotados de dignidade, glória e inteligência superior e como ministros da Divindade Tri-Una, Imutável e Insondável ocupam diferentes posições.[126] O Todo-Poderoso, *"o Soberano dos reis da terra"*, tem um compromisso eterno com os que O temem. Não tenho dúvidas a respeito da alegria com que os anjos estão a serviço do Eterno. Com certeza, esses seres espirituais maravilhosos retornam de suas missões divinas, cientes de que o SENHOR, o Deus Altíssimo, o Criador dos céus e da terra, está sempre pronto a socorrer os Seus filhos aos quais Ele ama com um amor inefável. Deus é amor, perfeito amor. Aleluia!

E não somente com esta palavra, que, segundo creio, expressa algo que foi comunicado dos Céus aos homens, mas, com muitas outras expressões de adoração e louvor, os anjos do Deus Santo e Todo-Poderoso entoam-Lhe os mais altos louvores, pois os vislumbres da glória celestial podem ser vistos nas cenas bíblicas, conforme relatam os profetas Isaías, Ezequiel e outros: *"Santo, santo, santo é o SENHOR dos Exércitos; toda a terra está cheia da sua glória."*[127]

Então, cabe a pergunta: a presença dos anjos do Eterno e Todo-Poderoso pode ser percebida em dias de hoje? É claro que sim! Encontramos diversos exemplos de livramentos e oportuno socorro por intermédio de anjos nas Escrituras e esse socorro é sempre sobrenatural. Havendo permissão, Ele abrirá não somente os olhos dos que O adoram e temem o Seu Nome (como foi na cidade de Dotã: Eliseu orou e o SENHOR abriu os olhos de seu assistente para ver *"que o monte estava cheio de cavalos e carros de fogo, em redor de Eliseu"*.[128] Ora, aquele que em Cristo nasceu de novo e foi feito morada do Espírito Santo está capacitado espiritualmente não somente ao batismo no Espírito Santo; mas também à recepção dos dons que, pelo Espírito Vivificante de Cristo Jesus, nos serão dados a conhecer para o bem dos que hão de herdar a salvação.

Neste ponto, preciso relatar um fato extraordinário. Certo irmão, na *"fé em Cristo Jesus"*, foi apanhado em sua residência por um anjo que conduzia uma carruagem celestial. A seguir, esse anjo o levou ao Paraíso, onde permanecia extasiado e sempre surpreso com o que podia contemplar. Uma das muitas coisas que lhe chamou a atenção foi o aspecto sempre alegre, jovial e saudável dos anjos, ao conduzirem as carruagens celestiais; ou, então, envolvidos nas muitas e diversificadas tarefas da Administração Celestial.

Então, ele perguntou ao anjo:

— Eu sei que os anjos servem ao SENHOR da Glória desde a criação, isto há muito tempo. Desde que fui abençoado com este arrebatamento, estou muito admirado e surpreso com a sua jovialidade e vigor. Com o passar do tempo, os seres humanos envelhecem e mostram sua decrepitude. Mas não vejo nem um desses sinais de envelhecimento nos anjos.

— Aqui ninguém sofre dor, enfermidade ou qualquer necessidade. Somos imortais e incorruptíveis. — A resposta veio.

— Como é que o lapso de tempo não lhe deixa marcas? — Ele perguntou.

— Não envelhecemos. Um dia, aqui, equivale a mil anos dos dias na existência terrena.

— Mas como pode ser isto?

— Aquele que nos trouxe à existência revestiu-nos com a imortalidade.

Pela Palavra do Eterno e Imutável e pela experiência facilmente verificamos que os anjos do Deus Altíssimo são espíritos obedientes que ministram a favor dos herdeiros da salvação em Cristo Jesus, ensina o hagiógrafo ao escrever aos filhos de Deus e herdeiros da promessa: *"Não são todos eles espíritos ministradores, enviados para serviço a favor dos que hão de herdar a salvação?"*[129]

Capítulo IV - III

OUVINDO A CONVERSA DE ANJOS

Continuei assentado e reclinei a cabeça nos braços apoiados no encosto do banco da frente — coisa que nunca fiz em um culto público; mas foi assim mesmo e algo começou a fluir mais do que se possa chamar de intuição.

De repente eu sabia quem se levantaria para orar ou qual o hino que seria cantado naquela meia hora que antecede à pregação da Palavra. E assim continuou durante parte daquele período de louvores e orações... até que alguma coisa como profunda quietude silenciosa,[130] completamente distante do ambiente de culto de domingo à noite me aconteceu: claramente entendi estar em espírito na dimensão espiritual.

E aconteceu que nessa dimensão espiritual olhei para a esquerda e vi um anjo com uma bandeja nas mãos com alguns instrumentos cirúrgicos que me deram a impressão de serem de prata puríssima; e à minha direita, com uma espada desembainhada firmemente pela mão direita havia outro anjo. Ora, os anjos são seres espirituais dotados de conhecimento, dignidade, inteligência, poder superior e vontade. Que eu os tinha visto ficou evidente; e, dando-me a entender que eu estava autorizado a estar naquela posição de honra no exercício do ministério não ofereceram oposição à minha presença.

Então, o anjo da esquerda disse ao outro:

— A criança morrerá se...

O outro anjo o interrompeu com firmeza:

— **Não morrerá, se houver alguém que ore!**

Era algo extraordinário: eu estava entre os dois anjos, nitidamente ouvi o breve diálogo entre eles, dando-me a entender que ambos queriam que eu os ouvisse e que eu não estava ali por acaso; e como faz parte do ministério desses ministros do reino dos céus, eles estavam a serviço dos que hão de herdar a salvação. *"Não são porventura todos eles espíritos ministradores, enviados para servir a favor daqueles que hão de herdar a salvação?"*[131]

Eu não conseguira entender o que acabara de ouvir e presenciar naquela dimensão; mas isso não vinha ao caso, pois seria revelado na oportunidade. Neste caso havia entre eles o conhecimento de certa criança que eu nem imaginava já estar nos planos da proteção do Altíssimo. Não fiz perguntas e nem me interessei em detalhes da conversa, porquanto eles falavam de algo que estava debaixo do controle do Altíssimo.

Noite marcada de maravilhosas e preciosas surpresas...

Capítulo IV - IV

CONTA O QUE VISTE

Alguém me chamava, não era chamado de anjos e eu continuava com a cabeça reclinada no encosto do banco.

— Pastor Mario! Pastor Mario!

Dei conta de mim, de onde estava e fiquei corado de constrangimento com forte impressão de que havia dormido durante a mensagem; mas eu não havia dormido: por algum tempo eu estivera fora daquele ambiente de culto e procurava entender o que me havia acontecido...

Era o Pr. Alípio Miranda. Ele me chamava ao púlpito, considerando que naquela noite eu apenas estaria orando após a mensagem. Ele me chamava para a oração.

Então me levantei compreendendo que o pastor havia encerrado a pregação. Pareceu-me que algo próximo de uma hora já havia passado desde o início do culto...

Entre confuso e encabulado assomei ao púlpito exatamente no momento que que Inês, esposa de Alípio, acabara de entrar no salão de cultos e assentou-se bem à frente, em certo lugar vazio na segunda fileira de bancos, à direta. Ela estava usando um vestido azul marinho e me parecia apressada com alguma coisa...

Em pé, atrás do púlpito, por alguns momentos eu não sabia que oração eu faria; e isso me incomodava, além de ainda me sentir culpado por achar que havia dormido ali, na frente de todos.

Entrar na dimensão espiritual e retornar à humana realidade do nosso tempo é algo a discernir, equilibrar e perceber para evitar emoções irracionais e sem sentido.

Então, instintivamente olhei para a direita, para o lugar onde havia reclinado a cabeça no encosto do banco da frente, como que querendo alcançar aquela dimensão onde eu estivera, entender o que havia acontecido e o que significada aquela ordem ao final do jejum, quando o anjo chegou e me disse: — *Apenas ore.*

Estando no púlpito, de repente vi outro anjo de Deus em pé, à minha direita e ao meu lado: não tinha espada e era diferente em ações de comando. Contemplei o seu belíssimo rosto, como que brilhando de luz puríssima.[132] [133] Ele expressava autoridade, dignidade e firmeza. Olhou fixamente para mim e me ordenou:

— **Conta o que viste!**

Eu ainda não conseguira entender o que acabara de presenciar na dimensão onde estivera. Porém, o *"Reino dos Céus"* estava de prontidão e aprenderíamos grande lições.

Capítulo IV - V

AGINDO DEUS, QUEM IMPEDIRÁ?

Além de quatro pastores estavam presentes diversos diáconos. Cerca de 250 irmãos naquela noite de domingo de 1979.

Diante da ordem do anjo que me apareceu no púlpito e me ordenou contar o que eu havia visto na dimensão espiritual, comecei a contar o que me havia acontecido desde o término da oração em casa, quando cheguei à janela, olhei para o céu e perguntei ao Senhor o que ministraria no culto, ocasião em que certo ministro do Altíssimo me disse: — **Apenas ore**. Contei como, ao chegar para o culto, agradeci mas dispensei o amável convite de ser o portador da mensagem. Contei o que havia acontecido depois de cruzar os braços no encosto do bando da frente e reclinar a cabeça, coisa que achei estranha e deixei claro a profunda quietude silenciosa que veio sobre mim. Contei a respeito dos dois anjos e do diálogo entre eles na dimensão espiritual onde estive. Contei como fiquei confuso e envergonhado ao ser chamado para oração, imaginando haver dormido no culto.

Enquanto a congregação estava perplexa com o que ouvia e havendo contado o que este anjo acabara de me revelar, comecei a compreender o que havia ouvido e visto na dimensão espiritual. Era isto! Inês olhava para mim com os olhos arregalados e, ao que parece, com o coração pronto para sair pela boca. E era o momento de chamar à frente aquela pessoa que estava na imperiosa necessidade de cura e libertação. De um milagre! Era a urgência!

— Neste momento quem está necessitando urgente de intervenção divina?

Inês levantou a mão, deu um pulo no banco e decididamente chegou à frente. Era com ela! Era com o marido, o Pr. Alípio. Era com a igreja ali reunida. Convidei os pastores Alípio Miranda, Altair Cabral e Joaquim Mendes que se aproximassem; mas eu ainda não sabia o que falar na oração. Então, ao estendermos as mãos sobre Inês pude perceber o forte clarão sobre nós e exclamei:

— *Pai, em nome de Jesus, coloque vida... vida no ventre da tua serva.*

Na hora do culto pentecostal o Criador dos Céus e da Terra queria abençoar aquele casal de modo notório. O bom Pastor queria aquele menino; mas precisava do instrumento humano, pelo que, fortalecido em espírito com acesso à dimensão celestial entre anjos recebi a instrução. O homem que planejava arrancar o menino aos pedaços ficou esperando em vão...

O respeito devido à presença do Eterno é característico entre os pentecostais, pois cremos que o verdadeiro culto precisa ser feito com temor do Senhor. O temor devido ao Senhor não é medo, muito menos pavor. O temor devido ao Senhor é o princípio da adoração *"em espírito e em verdade"*.

> Mas a hora vem, e agora é, em que os verdadeiros adoradores adorarão o Pai em espírito e em verdade, porque o Pai procura a tais que assim o adorem. Deus é Espírito, e importa que os que o adoram o adorem em espírito e em verdade.[134]

Capítulo IV - VI

DESTRUINDO O JUGO DA MORTE

Clama a mim, e responder-te-ei, e anunciar-te-ei cousas grandes e firmes, que não sabes.[135]

A batalha para evitar que a criança fosse arrancada do ventre da mãe começou por decisão do Pai Celestial. Bem antes do culto público Ele decidiu quebrar o jugo da morte e enviou o anjo à minha casa, na hora da entrega do jejum com a ordem: *Apenas ore.* Ao iniciar o culto caiu sobre mim aquela profunda quietude silenciosa com acesso à dimensão celestial para ouvir a conversa entre os dois ministros do Altíssimo. Assim, ao assomar ao púlpito de nada eu sabia do que se passara com Alípio e Inês e há algum tempo não mantínhamos contato. Nada obstante, Inês aparecera inesperadamente e estava com muita pressa. Depois eu ficaria sabendo de detalhes...

Certamente o Pai Celestial estava no controle.

Eram de pesar os infortúnios e não é de admirar a decepção em gravidez malsucedida em caso incompatibilidade no sistema de fator Rh entre mãe e feto a dificultar ou impedir a gravidez a termo. O desmembramento sanguinário de um ser humano inocente dentro do útero materno era o procedimento médico em expectativa. Porém, restavam perguntas que não poderiam calar: O que estava escondido na decisão de curetagem? Porque devia a paciente regressar ao consultório médico exatamente na hora do culto naquela noite de domingo? Quem estava agindo maliciosamente nas sombras da morte de modo a atacar os crentes na hora do culto de domingo e ostentar poder satânico?

Havendo sinal de abortamento espontâneo a decisão médica foi pela curetagem, conhecida popularmente como raspagem, um pequeno procedimento médico de especialista ginecologista--obstetra recomendado para remover qualquer tipo de tecido do útero. No caso, o médico ginecologista-obstetra que aguardava a paciente para a curetagem, era de confissão kardecista, diretor do Hospital Militar onde as duas Marias choravam o menino morto por erro médico. O colo da grávida seria dilatado com um instrumento semelhante a uma colher, chamado cureta e o especialista retiraria o tecido de revestimento interno do útero. O choro de outra Maria, sendo intimamente invadida e perdendo a criança, não seria ouvido.

Não podemos ignorar o caráter pentecostal desse episódio. Nós possuímos um padrão para conhecer o que é certo e o que é errado nos atos e fatos do culto devido ao Eterno e Todo-Poderoso. Os discípulos de Jesus foram chamados a entender que a adoração a Deus começa <u>antes</u> mesmo do culto público. Para que *"Jesus, o grande Pastor das ovelhas pelo sangue da Nova Aliança"* seja efetivamente exaltado, a oração, a ordem, a pregação do *"evangelho da graça de Deus... poder de Deus e sabedoria de Deus"* e a racionalidade são elementos fundamentais do culto genuinamente pentecostal.

Neste contexto, o Pentecostalismo Clássico cooperou na restauração dos dons espirituais[136] e reconhece a importância da adoração, da correta exegese e exposição das Escrituras, da música, das ofertas, das orações, dos cânticos congregacionais e dos dons espirituais no decorrer do culto público.[137] Portanto, o culto genuinamente pentecostal deve ser corretamente fundamentado na *"doutrina dos apóstolos"* e na perseverança da verdade pura e inalterável do que Deus disse do jeito que Ele disse.

O Criador dos Céus e da Terra queria abençoar Alípio e Inês publicamente, de modo que nos alegrássemos e todos ficassem sabendo. O maravilhoso é saber que o Reino dos Céus tem conhecimento do que acontece entre os crentes em Jesus. O Pai Celestial queria aquele menino e deu ordens aos anjos, como sempre prestativos a favor daqueles que hão de herdar a salvação; mas precisava do instrumento humano e me permitiu acesso à dimensão celestial.

O Reino dos Céus continua de prontidão. Quando o povo de Deus está reunido em um único propósito, Deus opera de forma sobrenatural.

Capítulo IV - VII

QUEM É O MENINO?

*Aquietai-vos, e sabei que eu sou Deus; serei exaltado
entre as nações; serei exaltado sobre a terra.*[138]

Coisas inesquecíveis foram demonstradas naquele domingo de 1979: a completa dependência do Espírito de Cristo Jesus preparara o instrumento que Ele quer usar visando um fim proveitoso; a comunhão com Deus está ligada à leitura das Escrituras, à obediência por fé e à oração a sós com Deus; a instrução do Reino dos Céus prevalece na busca de Deus para a ministração aos *"santificados em Cristo Jesus"*; depende de Eterno o envio de anjos com autoridade para ministrarem a favor dos que hão de herdar a salvação; em boa consciência devemos organizar a liturgia, mas o culto cristão é direcionado a Deus Todo-Poderoso e sem a instrução do Espírito de Cristo a ministração é caduca, sem sentido e vã; o discípulo de Cristo deve ser batizado no Espírito Santo e o Agente deste batismo é Cristo Jesus; o Pai Celestial cuida da proteção da família do pastor.

Considerando esses pontos, se de algum modo espacial Deus quis usar alguém no culto pentecostal a ponto de alcançar algo extraordinário na dimensão celestial, esse deve aquietar-se, controlar emoções, evitar exibicionismo, manter o equilíbrio e render glórias Àquele que nos cerca de compaixão, graça e misericórdia, como está escrito: *"Eu sou a videira e o meu Pai é o lavrador. Eu sou a videira, vós, as varas; quem está em mim e eu nele, este dá muito fruto, porque sem mim nada podereis fazer.*"[139]

Depois, estivemos em São Paulo, com outros irmãos, para um seminário de fim de semana e certa jovem, chamada Sandra, nos levou para um lanche no apartamento de Pr. Alípio que nos esperava. Entre as crianças que brincavam nas áreas de circulação do prédio certo menino se destacava por ser o mais forte daquelas crianças. Logo me disseram que era o menino tirado da morte. Mais detalhes eu saberia algum tempo depois...

Entrementes, o cabeça da liderança da igreja e presidente do presbitério deslizou em desvios de dízimos, de ofertas voluntárias, negativa de prestação de contas e negócios ocultos com interesses pessoais dando piso à forte indignação de minha parte; exibia autoridade eclesiástica insuportável facilitando o enriquecimento ilícito de alguns Judas que no conjunto de ações ampliavam estelionatos nas *unidades locais* acorrentadas estatutariamente ao único presbitério por ele presidido. Eu enfrentei essa infâmia em reunião executiva, denunciei o cabeça da oligarquia sectária que de orgulhoso não suporta questionamentos. Na sexta-feira da Semana Santa de 1987 foi o marco para minha saída e início do enfrentamento de grande e maliciosa oposição. Segui o meu curso dentro oposição e Deus foi abrindo oportunidades no campo missionário e no ensino em seminários.

Era de esperar que bateriam duramente em Alípio, como de fato aconteceu. Ele enfrentou reveses em Curitiba/PA e Deus foi abrindo portas. Estive com ele em São Gonçalo/RJ e mais tarde em Belo Horizonte/MG, Bairro de Santa Amália, região da Pampulha, na Igreja Batista Filadélfia e na administração de um Colégio deixado em suas mãos, pelo que posso entender, que era de propriedade de missionários holandeses.

O nome daquele que foi tirado da morte é Thiago. (Nota: face as informações que me passaram, Thiago é casado, pai de dois filhos e pastor. Servidor público locado na Advocacia Geral do Estado).

Capítulo V

O ESTILO DE VIDA "EM ESPÍRITO E EM VERDADE"

> *Mas a hora vem, e agora é, em que os verdadeiros*
> *adoradores adorarão o Pai em espírito e em verdade,*
> *porque o Pai procura a tais que assim o adorem.*
> *Deus é Espírito, e importa que os que o adoram o*
> *adorem em espírito e em verdade.*[140]

A adoração *"em espírito e em verdade"* expressa a verdade e nada tem de religião. A atividade do Espírito de Cristo no espírito do adorador o anima a andar na *"constância de Cristo"* em confiança, honestidade e sinceridade. A disposição de ânimo marca os passos dessa intimidade. Alegar ter comunhão com Cristo e estar salvo, sem, porém, falar e viver de acordo com a verdade do *"evangelho da graça de Deus... poder de Deus e sabedoria de Deus"*, é continuar conscientemente enganado por imposição de inúmeros preceitos religiosos entremeados com as escorregadias ideias de *"o outro evangelho"*. Assim, a adoração verdadeira resulta do mover do Espírito de Cristo no *"homem interior"*, ou seja, no verdadeiro ser daquele que foi feito *"filho de Deus"*.

Adversidades e circunstâncias da vida exigem mudanças do rumo evitando perdas. Aquele que decide por um estilo de vida cristã na base de *"em espírito e em verdade"* imediatamente entra na necessidade de jejuar na medida da possibilidade; orar sempre e sem desfalecer; e depender do que Deus disse do jeito que

Ele disse. Embora estejam fora de moda, essas armas continuam indispensáveis para aquele que nasceu de novo, foi feito filho de Deus[141] e deseja realmente a intimidade com o Pai Celestial.

Alguns certamente se sentiram contristados por não haverem alcançado algo desse nível em seu ministério; haverá aquele que entende ser impossível e até loucura o que foi relatado; mas a semente foi lançada na esperança de que caia em boa terra e produza a trinta, a sessenta e a cem por um. No entanto, Jesus, o grande Pastor das ovelhas pelo sangue da Nova Aliança garante que o Pai procura os verdadeiros adoradores e são aqueles que O adoram *"em espírito e em verdade"*. Se em muitos cristãos a oração não tem sido o esforço humilde, perseverante e solitário; o jejum tem cara de coisa de legalidade religiosa; e não existe obediência ao que Deus disse do jeito que Ele disse; posso garantir que a frase *"em espírito e em verdade"* é apenas ladainha sem sentido.

Aquele cristão que de alguma forma foi enganado e enredado com heresias e meias verdades de *"anticristos"* deve se arrepender desse pecado, fugir dos *"laços do diabo"* e não ter medo de perseguições e de retaliações. Fuja! Fuja dos *"anticristos"* com assentos marcados em algumas lideranças religiosas, pois o Espírito de Deus já os identificou. Rejeitar é o começo... mas rejeitar mesmo. Rejeitar até os fiapos de heresias e não ter medo de críticas injustas, de maldições e de perseguições de religiosos. Romper e sair do campo de falácias, heresias, meias verdades e profetadas. Romper firmar-se no que Deus disse do jeito que Ele disse e declarar o perdão aos ofensores.

Lucas apresenta Jesus contestando os fariseus — as pessoas abordadas — a respeito da natureza do *"Reino de Deus"*[142] e o Mestre foi claro ao dizer que eles não veriam o reino; porquanto o reino deve estar dentro dos ouvintes, pois neste primeiro sentido o reino é eminentemente espiritual. Neste ponto não existem relativos e

94

o Mestre declara enfaticamente: *"Lembrai-vos da mulher de Ló."*[143] Pelo relato de Gênesis ficou evidente que o coração dela estava em Sodoma fadada à destruição inevitável, ou seja: o grande interesse dela estava em uma sociedade terrestre, pois evitava olhar para o futuro do povo celestial e eterno.

Não duvide: o hagiógrafo informa que o Mestre estava a caminho de Jerusalém, onde, dias depois Ele deixaria a preciosa promessa de levar os discípulos para as moradas celestiais a fim de que estejam com Ele;[144] ao depois, expondo o Sermão Profético,[145] *"como um relâmpago ilumina desde uma extremidade inferior ao céu até a outra extremidade, assim será também o filho do Homem no seu dia."*[146] O fim da *"grande tribulação"* é marcada com a vinda gloriosa e refulgente do Rei dos reis e Senhor dos senhores. Portanto, o desejo do Mestre é que isto esteja no coração do crente; que o crente rompa com a insensatez e mentiras de pastor insensato que ensinam os outros a pecar; e tomada a decisão de romper com esse ambiente de fingimento, de fisiologismo político, de hipocrisia, de incredulidade e de intolerância não volte atrás.

Neste contexto, a falta de compreensão a respeito da oração particular e perseverante — como um ministério pessoal e solitário — não tem sido melhor do que o jejum. Se muitos púlpitos reconhecem a importância da oração, não quer isto dizer que esses pastores não apresentam dificuldade em jejuar e orar constante e voluntariamente.

O batismo no Espírito Santo ocorre uma vez só na vida e move-o à consagração à obra de Deus, para, assim, testemunhar com poder e retidão. A Bíblia fala de renovações posteriores ao batismo inicial do Espírito Santo (Atos 4.31, nota; cf. 2.4; 4.8,31; 13.9; Ef. 5.18). O batismo no Espírito, portanto, conduz o crente a um relacionamento com o Espírito, que deve ser renovado (4.31) e conservado (Ef. 5.18).[147]

O estilo de vida *"em espírito e em verdade"* é manter o reino de Deus dentro de si, capacitando-o espiritualmente no *"homem interior"* (o verdadeiro ser). O Espírito de Cristo continua disposto a fortalecer o crente nesse batismo de poder pentecostal com a concessão de dons sobrenaturais, desde que o crente dê crédito ao que Deus disse do jeito que Ele disse. Observe o argumento do grande Pastor das ovelhas a respeito desse batismo quanto ao chamado e ministério de Paulo: *"Para lhes abrires os olhos, e das trevas os converteres à luz, e do poder de Satanás a Deus; a fim de que recebam a remissão de pecados, e herança entre os que são santificados pela fé em mim."*[148] Ora, o grande Pastor das ovelhas pelo sangue da Nova Aliança deixou evidente que Paulo precisou do batismo no Espírito Santo para a pregação do evangelho: abrir os olhos dos cegos pelo poder de Satanás; conversão do poder de Satanás para o poder de Deus; remissão dos pecados mediante a fé em Jesus; santificação-separação do mundo e viver para Deus em comunhão com os demais salvos em Cristo. Portanto, o Espírito de Deus não mudou de opinião e devemos compreender a razão desse batismo ser necessário a qualquer que queria seguir a Jesus.

O experimentado apóstolo Paulo recomendou ao jovem ministro Timóteo: *"Ora, o fim do mandamento é a caridade de um coração puro, e de uma boa consciência, e de uma fé não fingida. [...] Conservando a fé, e a boa consciência, rejeitando a qual alguns fizeram naufrágio na fé."*[149]

O fato é que a fé e obediência são duas palavras com ideias intercambiáveis: *"Aquele que crê (exerce fé exclusivamente) no Filho tem a vida eterna, mas aquele que não crê (gr. apeitheo — "desobedecer" ou "não se sujeitar a") no Filho não verá a vida, mas a ira de Deus sobre ele permanece."*[150] Ora, no Seu gracioso e inigualável plano de salvação da humanidade Deus estabeleceu que os crentes em Jesus sejam Seus cooperadores no processo de redenção e neste sentido Ele espera que os crentes façam a sua parte no cumprimento das poderosas promessas de Deus, como está escrito: *"Tudo quanto pedirdes em meu nome, eu o farei, para que o Pai seja glorificado no Filho. Se pedirdes alguma coisa em meu nome, eu o farei."*[151]

O mandamento para a igreja de Deus é o conhecido e muito repetido *"Orai sem cessar"*,[152] considerando ser esta a chave especial para o fortalecimento em espírito que nos é dado no batismo com o Espírito Santo para vitória diante das adversidades, enfrentamento com castas de demônios, perigos e outras situações onde a enérgica atuação do Espírito de Cristo é imprescindível em poder sobrenatural.

Onde o produto da religião detesta apelos à mudança do tipo arrependei-vos, o sermonar semanal não avisa da apostasia, da depravação, da incredulidade e da rebelião; pelo que perdura o aviso: *"Como também da mesma maneira aconteceu nos dias de Ló: comiam, bebiam, compravam, vendiam, plantavam e edificavam. Mas no dia em que Ló saiu de Sodoma, choveu do céu fogo e enxofre, consumindo a todos. Assim será no dia em que o Filho do homem se há de manifestar."*[153]

Que mais diremos? *"Que o Senhor vos faça crescer, e aumentar no amor uns para com os outros e para com todos, como também para convosco; a de que sejam os vossos corações confirmados em santidade, isentos de culpa, na presença de nosso Deus e Pai, na vinda de nosso Senhor Jesus com todos os seus santos."*[154]

Se bem compreendido o entrosamento entre a oração perseverante, o jejum na medida da possibilidade individual e o que Deus disse do jeito que Ele disse, então mergulharemos numa dependência completa do Senhor Jesus e nossos ouvidos se abrirão completamente à voz do Espírito Deus.

Conclusão

NOSSA FÉ NÃO É VÃ

E vos renoveis no espírito do vosso sentido, e vos revistais do novo homem, que, segundo Deus, é criado em verdadeira justiça e santidade.[155]

A Palavra de Deus não é doutrina, filosofia, ideologia ou misticismo. A Palavra de Deus é a própria voz do Criador! Aquele que falou e trouxe à existência as obras de Suas mãos, fala conosco como nada mais pode falar. Aqueles que se colocam sob poder do que Deus fala do jeito que Ele fala estão mantidos e protegidos por Suas promessas. Portanto, aquilo que Deus falou por profetas, pelo Filho e pelos apóstolos tem o selo do Altíssimo, o Deus Todo-Poderoso ['El Shaddai].[156]

A religião é campo aberto à incredulidade, injustiça social e jugo opressivo com guerras, heresias, ideologias, idolatrias, invocações, ladainhas, liturgias, medos recorrentes, oferendas a espíritos guias, pragmatismos, rezas, sectarismos, superstições, traumas e violência. Aceitar mentiras de falsos profetas mancomunados com maus pastores é cumplicidade com *"cheiro da morte para morte"*. Às vezes continuamos tão entorpecidos que sequer enfrentamos nossas dúvidas e nossos problemas recorrentes. Esse angustiante entorpecimento emocional, mental e espiritual abre espaço para depressão, medo e pânico. Esteja avisado, fuja do erro e resista aos laços do diabo. Existir cristãos professos que se dão contas de serem observados por um inimigo que os odeia é espiritualmente importante.

Àqueles que desejam o poder pentecostal Jesus deixou claro Suas exigências. Então, disponha-se a ser instrumento da compaixão, graça e misericórdia de Deus em Cristo na cura dos doentes e na libertação dos oprimidos do diabo presos *"nas regiões da sombra e de morte"*; e pode acontecer que o Espírito Vivificante o prepare para dar ordem ao invisível e presenciar a ressuscitação do morto. Este livro demonstrou fatos que são frases e bocas que falam pelo autor. O Dia se aproxima e não quero correr o risco de ter sido omisso. O novo nascimento é começo grandioso de mudança de vida e isto é demonstrado com boas obras, caridade, bom testemunho a favor de Cristo Jesus e obediência por fé. Os campos missionários carecem de ajuda de pés, joelhos e mãos, ou seja: indo aos campos, orando pelos esforços dos missionários ou mantendo-os livres de preocupação pelo sustento.

Galardões estão reservados no reino dos céus para aqueles que exercem fé em Jesus, exclusivamente; não dependem de ideologias de falsos mestres; e, pelo contrário as abomina. Nada de acordos e arranjos com falsos profetas por traz de cortinas para marketing midiático nebuloso e sensacionalismo. O poder de Deus se manifestou nos eventos mencionados no livro. Se a ordem é dada no *"Reino dos Céus"* o diabo perde o controle da situação. Só a contínua atuação do Espírito Santo em uma vida totalmente submissa a Deus pode mantê-la espiritualmente fortalecida e renovada.

Minha oração é no sentido de que sejam fortalecidos e protejam os fracos na fé. Muitos cristãos professos estão presos aos laços de iniquidades e impossibilitados de se verem livres de perturbações psicológicas. O diabo, *"o pai da mentira"*, estimula as expressões de incredulidade e de iniquidade presentes na religiosidade vã.

Não duvide: a maneira como o pastor insensato estabelece o domínio e manipulação sobre os fracos é pela facilidade do fisiologismo político do tipo toma lá, dá cá; pelo descompromisso com a *"obediência por fé"* e pelo inconfessável interesse em prioridades da vida (quem lê entenda). Todos aqueles que estão no ministério construindo caminhos escorregadios de avareza, egoísmo, ganância, interesses inconfessáveis e inveja caíram em *"laços do diabo"* e estão espiritualmente e moralmente presos nas *"regiões da sombra e da morte"* por desprezarem a luz do evangelho da glória de Cristo Jesus. Se não houver arrependimento, haverá *"choro e ranger de dentes"*.

Não permita que dissabores e reveses da vida o impeçam de alcançar as grandezas que Deus pode lhe dar, como Jesus respondeu a Marta, diante do túmulo de Lázaro: *"Não te hei dito que, se creres verás a glória de Deus?"* O que você alcançou na compreensão da Mensagem de Reconciliação de Deus com os homens, deixe subir à superfície para renovar o fortalecimento pentecostal com autoridade espiritual, equilíbrio, honestidade, poder e santidade.

Nossa fé não é vã, não permanecemos nos nossos pecados, temos a vida eterna e somos os mais felizes de todos os homens. Nunca deixei de orar com toda perseverança por aqueles que leriam os livros que estava escrevendo e nem imaginava quando os publicaria.

O fisicamente morto não pode coisa alguma, nem mesmo cometer pecado; porém, aqueles que estão mortos em delitos e pecados conseguem ganhar a vida, obter educação dentro de arquétipos educacionais e até desafiarem o Altíssimo; ou fazerem o melhor da vida: abrir espaço à convicção do Espírito Santo, se arrependerem de seus pecados e exercerem fé no Senhor Jesus Cristo como seu Salvador, o Único capaz de leva-los à redenção, à regeneração e à remissão.

O impossível para Deus é o palco perfeito para Ele manifestar o Seu poder que atua em todos nós, porque *"para Deus não haverá impossíveis em todas as suas promessas."*[157] O verdadeiro amor a Cristo Jesus desperta horizontes que jamais imaginávamos. Por fim, a fé em Jesus, exclusivamente, nos leva a avançar e cruzar as fronteiras de impossíveis. Somente um ministério de discernimento espiritual consegue enfrentar as ações da malignidade que se esconde nas *"regiões da sombra e da morte"*.

Satanás odeia a *"igreja de Deus... corpo de Cristo"*; odeia as assembleias ou reuniões dos crentes em cultos públicos, especialmente no primeiro dia da semana que lembra a ressurreição de Cristo; odeia aqueles que se dedicam às Escrituras, jejuns e orações antes dos cultos públicos; odeia as ministrações de anjos do Altíssimo anunciando livramentos; odeia aqueles que creram, conforme as Escrituras do Novo Testamento e foram batizados no Espírito de Cristo; odeia aqueles que andam na constância de Cristo e demonstram com frutos o poder de Cristo Jesus que declara:

— Estou convosco todos os dias, até à consumação dos séculos.

NOTAS FINAIS

Capítulo I – I - A honra, as regras e os vencedores

[1] Samuel 2.30.
[2] Isaías 55.11,12.
[3] 1 Coríntios 1.2; 12.27.
[4] Marcos 14.20.
[5] 1 Samuel 15.23.

Capítulo I – II – A incredulidade e o fogo eterno

[6] Efésios 2.2; 5.6; Colossenses 3.6.
[7] Deus através de palavras humanas se comunica e Se dá a conhecer ao homem. Para ser mais claro Deus comunicou informações sobre Ele mesmo. Nesses contornos, a revelação proposicional envolve a comunicação de verdades divinas através da linguagem ou cognição.
[8] Mateus 25.41. A autoridade neste assunto é Jesus. Ele disse que o inferno foi originalmente preparado para Satanás e seus anjos porque eles se rebelaram contra um Deus Santo: "Então dirá também aos que estiverem à sua esquerda: Apartai-vos de mim, malditos, para o fogo eterno, preparado para o diabo e seus anjos."
[9] A palavra hebraica para "honra" é kabed, que significa, reconhecer o peso de uma pessoa, e sua autoridade, e também pode ser traduzida por "sustentar", "pagar a conta". Já no grego, "honra" é "timão", que significa: estimar, fixar o valor, honrar ou reverenciar.
[10] 1 Coríntios 2.4.
[11] Romanos 1.28-32.
[12] 1 Timóteo 1.17.
[13] 1 Coríntios 3.16.
[14] A ênfase aqui recai na congregação inteira, i.é., os crentes como templo de Deus e como a habitação do Espírito Santo (cf. v. 9; 2 Coríntios 6.16; Efésio 2.21. Bíblia de Estudo Pentecostal, CPAD, p. 1741.
[15] 1 Coríntios 3.11.
[16] Os crentes do Novo Testamento são chamados de santos 1 Coríntios 1.4 cf. Atos 9.13; 26.10; Romanos 1.7; Apocalipse 13.7; 19.8.
[17] João 15.26,27.
[18] Romanos 9.22-24;16.25-27; 2 Pedro 2.16-18.
[19] João 14.1-3; 1Tessalonicenses 1.9,10; 4.13-18; 5.9; 1Coríntios 1.2; 6.11; 15.51,52; Apocalipse 3.20.
[20] Zacarias 4.6.
[21] Lucas 4.1,18.
[22] A palavra grega para "evangelho" é euangelion. O prefixo - eu - consiste em uma forma neutra da palavra que significa "bom, bem feito". Assim, no Novo Testamento a palavra "evangelho" significa "boa-nova; boa notícia que se leva às pessoas".
[23] 1Tessalonicenses 1.10, final.

DEUS ME CONCEDEU GRANDEZAS

[24] João 16.4-6.
[25] Efésios 4.14.

Capítulo I – III – A ressurreição dos mortos

[26] Marcos 16.17,18.
[27] Mateus 9.18-26, Marcos 5.22-43, Lucas 8.41-56.
[28] Lucas 7.11-17.
[29] João 3.3; Atos 2.41; Filipenses 2.9.
[30] Lucas 24.49.
[31] João 7.38,39.
[32] Mahesh Chavda - O poder secreto do jejum e da oração, p. 51.

Capítulo I – IV – Discernindo e discernimento de espíritos

[33] Marcos 9.17-27; Mateus 9.32,33; 12.22; 17.14-18; Lucas 13.11,16.
[34] Os filhos de Jó foram mortos em decorrência de atividade maligna.
[35] Salmos 106.37; 1 Coríntios 10.20.
[36] Marcos 3.20-30.
[37] Exodo7.11,22; 2 Tessalonicenses 2.9,10; Apocalipse 13.13, 19,20.
[38] Marcos 5.1-17; Mateus 8.28-34; Lucas 8.26-37 .
[39] Atos 1.8; 2.4; 4.8; 6.5; 7.55; 11.24; 13.9.
[40] Romanos 11:29; Filipenses 3:14; 2 Tessalonicenses 1:11.
[41] Gálatas 1.8 cf. 2 Coríntios 11.4.
[42] 2 Timóteo 3.5.
[43] Deuteronômio 32.16,17 - demônios (hb. sedh) substantivo masculino.
[44] Determinados sacrifício em que filhos e filhas eram sacrificados foram também destinados a demônios (Sl. 106.37). Este vocábulo também é usado par designar aqueles que recebem sacrifícios proibidos. Dicionário Hebraico do Antigo Testamento, J. Strong Anotado pela AMG, p. 1949.
[45] 1 Coríntios 12.8-11.
[46] Atos 5.3.
[47] Atos 13.10.
[48] João 8.44 cf. 2 Coríntios 11.13-15.

Capítulo I – V – Filhos de Jó mortos por demônios

[49] Mateus 12.43-45.
[50] Mateus 9.32,33; 12.2; 17.14-18; Marcos 9.17-27; Lucas 13.11,16.
[51] Jó 1.16.
[52] Em Apocalipse lemos das feitiçarias satânicas durante a "grande tribulação", tais como curar a chaga mortal da besta (13.3) e fazer "descer fogo do céu à terra, à vista dos homens" (13.13).
[53] Jó 1.20-22.
[54] Jó 1.5; 16.16,17; 42.8.
[55] Jó 42.10.
[56] 2 Timóteo 3.12.
[57] João 12.31; 16.17; Colossenses 2.15; Hebreus 2.14.

Capítulo I - VI - Forças demoníacas derrotadas

[58] 1 Coríntios 2.14,15.
[59] Marcos 1. 21-28.
[60] Recomento a leitura do capítulo 25 do livro Deus enviou o seu anjo: eu o vi nas águas barrentas, Sauvé Editora.
[61] 1 João 3.7,8.
[62] Isaías 9.2; Mateus 4.16; Efésios 5.8,14.
[63] 2 Tm. 2.24-26.

Capítulo 1 - VII - Jesus não seguia agenda de religiosos

[64] Marcos 3.1-6, Mateus 12.9-13 e Lucas 6.6-11.
[65] A palavra "sinótico" é derivada do grego "synoptikos", que significa "ver juntos". Esta palavra faz referência aos três evangelhos Marcos, Mateus e Lucas, por isto denominados de Evangelhos Sinóticos.
[66] Mateus 4.23; Lucas 4.15-36.
[67] João 9.22; 12.42,43.
[68] Mateus 15.14.
[69] Mateus 5.17 cf. 12.8.
[70] João 12.31; 16.17; Colossenses 2.15; Hebreus 2.14.
[71] 1Tessalonicenses 2.2,8,9; 2 Coríntios 1.7; Romanos 1.1,15,16.
[72] João 14.1-31 cf. Tessalonicenses 1.9,10; 4.13-18; 5.9; 1Coríntios 1.2; 6.11; 15.51,52.

Capítulo II - I - Isto é contigo

[73] Mateus 8.5-13; Lucas 7.1-10.
[74] Provérbios 27.20; 30.16.

Capítulo II - II - A coluna de fogo girante

[75] Êxodo 13.21,22; 14.24.
[76] Isaías 41.22; Colossenses 2.17.
[77] Hebreus 13.20.
[78] Romanos 8.9-11; 1 Coríntios 6.19.
[79] Mateus 10.32-33; Lucas 12.8.
[80] 1 Coríntios 10.13.

Capítulo II - III - Manda a morte sair dele!

[81] Hebreus 11.35.
[82] 1Tessalonicenses 5.23; Atos 2.14-36.

Capítulo II - IV - O silêncio

[83] Filipenses 4.7.
[84] Efésios 4.2.
[85] Mateus 16.24-26.
[86] Mateus 11.25.

DEUS ME CONCEDEU GRANDEZAS

[87] Hebreus 9.27,28.
[88] Romanos 8.11.
[89] João 14.1-3.
[90] Apocalipse 21.23.
[91] João 15.5; Mateus 5.37.

Capítulo III – I – A oração extrema

[92] Queda com Q maiúsculo, referindo-se ao Éden – morada dos nossos primeiros pais ao transgredirem o mandamento do Criador: Eva cedeu à fala sedutora de Satanás falando através da serpente, e Adão seguiu o mau exemplo dela. O pecado entrou no mundo por meio de um homem (Romanos 5.12-19). Sendo expulsos da presença do Criador o casal morreu espiritualmente (Gênesis 3.22-24).
[93] Deuteronômio 7.25-26 – "As imagens de escultura de seus deuses queimarás; a prata e o ouro que estão sobre elas não cobiçarás, nem os tomarás para ti, para que te não enlaces neles; pois são abominação ao SENHOR, teu Deus. Não meterás, pois, coisa abominável em tua casa, para que não sejas amaldiçoado, semelhante a ela; de todo, a detestarás e, de todo, a abominarás, pois é amaldiçoada."
[94] Os católicos entendem que o uso do escapulário lhes dá proteção física e espiritual. Para esses religiosos o escapulário simboliza um ato de devoção à Virgem Maria, mãe de Jesus Cristo.

Capítulo III – II – O politraumatizado

[95] Efésios 6.8; Hebreus 6.10.
[96] Gênesis 3.19; Hebreus 9.27.

Capítulo III – III – Manda a morte sair dele!

[97] Eclesiastes 12.1-8.
[98] Cerimônia religiosa realizada em homenagem à pessoa falecida. Momento de despedida e de orações pela alma do falecido, com o objetivo de oferecer conforto espiritual aos familiares e amigos presentes.
[99] Hebreus 9.27,28.
[100] Eclesiastes 12.6,7.
[101]

Capítulo III – IV – E houve festa no Céu

Lucas 15.10.
[102] É conhecido o fato de corpos de humanos que tiveram morte cerebral, mas que têm pulso e órgãos que funcionam. Na Medicina o prognóstico para pacientes com deficits persistentes é tipicamente desolador.
[103] Salmos 23.6.
[104] Isaías 9.1,2, cf. Mateus 4.13,14.
[105] Marcos 1.14-20; Lucas 4.14-32; 5.1-11.
[106] João 9.5; 10.12.
[107] Marcos 9.2-13; Mateus 17.1-13; Lucas 9.28-36.
[108] 2 Coríntios 4.4.
[109] Atos 3.22,23 cf. Deuteronômio 18.17,18.
[110] Gálatas 5.19-21.

105

[111] Ezequiel 33.11.
[112] Romanos 10.8-13.
[113] Gálatas 1.6-8.
[114] Gênesis 35.18; Romanos 6.23.
[115] Lucas 16.19-31.
[116] Eclesiastes 12.6,7.
[117] Mateus 25.41; Apocalipse 12.9; 2014.
[118] Colossenses 1.13,14.
[119] Apocalipse 20.11-15.

Capítulo III – V – Coisa de uns seis meses depois...

[120] Atos 19.19,20.
[121] Gálatas 5.16-25.

Capítulo IV – I – Apenas ore...

[122] Anjo (hb. malak, gr. aggelus) significa mensageiro. Eles foram criados antes da terra (Jó 38.4-7) e atuam debaixo de ordens recebidas no "Reino dos Céus". Esses mensageiros do Altíssimo, o Criador dos céus e da terra, demonstram intensa alegria em cumprir ordens a favor dos que hão de ser salvos (Hebreus 1.13.14).

Capítulo IV – II – Anjos

[123] Salmos 33.6; 104.4; 148.2,5 cf. Gênesis 1.6,7.
[124] Daniel 7.10; Marcos 1.13; Apocalipse 5.11-14.
[125] Salmos 117.1; 135.3; 147.1; 148.1; Jeremias 20.13; Romanos 15.11.
[126] 1Tessalonicenses 4.16 cf. Colossenses 1.16; 1 Pedro 3.22; Judas 9 .
[127] Isaías 6.3; Ezequiel 2.26-28.
[128] 2 Reis 6.15-17 cf. 1 Rs.22.19; Romanos 9.22-24; 16.25-27; 2 Pedro 2.16-18.
[129] Hebreus 1.14 cf. 2 Reis 6.15-17; Daniel 3.28; 7.10 etc.

Capítulo IV – III – Ouvindo a conversa de anjos

[130] A capacidade espiritual entra em expansão por estarmos fora dos limites psíquicos e sentidos. Entendo adequado o termo empregado na Escritura (hb. רדם) em Salmos 76.6; Daniel 8.18; 10.5.
[131] Hebreus 1.14.

Capítulo IV – IV – Conta o que viste

[132] Os anjos brilham a santidade moral de Deus e refletem a sua glória.
[133] Salmos 89.7 - "Deus é sobremodo tremendo na assembleia dos santos e temível sobre todos os que o rodeiam."

Capítulo IV – V – Agindo Deus, quem impedirá?

[134] João 4.23,24.

Capítulo IV – VI – Destruindo o jugo da morte

[135] Jeremias 33.3.
[136] 1 Coríntios 14.1-40.
[137] 1 Coríntios 14.26; Efésio 5.19; Colossenses 3.16.

Capítulo IV – VII – Quem é o menino?

[138] Salmos 46.10.
[139] João 15.1,9.

Capítulo V – O estilo de vida "em espírito e em verdade"

[140] João 4.23,24.
[141] João 1.12,13; 3.3-6; 16-21.
[142] Lucas 17.20-37 Jesus ensina a respeito da natureza do "Reino de Deus" que não é material ou política; mas o Reino será visto em pleno poder quando Ele regressar em glória reluzente.
[143] Gênesis 19.26. Em Lucas 17.32 encontramos o imperativo ativo μνημονεύετε.
[144] Mateus (16.18) registrou o decreto do messiânico: "edificarei a minha igreja, e as portas do inferno não prevalecerão contra ela". João (14.1-3) menciona a promessa de Jesus de voltar e buscar os que são dele; Paulo recebe a revelação do arrebatamento da "igreja de Deus... corpo de Cristo...antes da ira (de Deus) vindoura" (1Tessalonicenses 1.10; 2.13,19; 4.16,17).
[145] Em Marcos 13, Mateus 24,25 e Lucas 21 encontramos o Sermão Profético onde Jesus menciona o período de "a grande (tamanha) tribulação"; o Eterno e Todo-Poderoso notifica a João que a igreja será arrancada da terra antes do cumprimento de juízos sequenciais (selos, trombetas e taças) arremessados cm grande ímpeto sobre o domínio da tríade satânica e adoradores com a marca/sinal da besta (Apocalipse 3.10; 13.1-18). Neste contexto de grandes juízos contra o trono da besta, aqueles que quiserem crer (exercer fé) na pregação das duas testemunhas serão martirizados (Apocalipse 7.9-17). Portanto, os santos da futura e grande tribulação não são a igreja (gr. eklessia).
[146] 1 Timóteo 6.15; Apocalipse 17.14; 19.16.
[147] Bíblia de Estudo Pentecostal, CPAD, p. 1628.
[148] Atos 26.18.
[149] 1 Timóteo 1.5,19.
[150] João 3.36.
[151] João 14.13,14.
[152] 1Tessalonicenses 5.17.
[153] Lucas 17.28-30.
[154] 1Tessalonicenses 3.12,13.

Conclusão – Nossa fé não é vã

[155] Efésios 4.23,24.
[156] Gênesis 48.3,4; 49.24.
[157] Lucas 1.37 cf. 18.27.

Notas de fim

Contato com o autor:

https://cavaleiroveloz.com.br/

E-mail e Pix: mhastenreiter@proton.me

Em https://editoraappris.com.br/nao-arranque-e-nem-destrua-o-que-foi-plantado/ o leitor entra em contato com o artigo na temática do livro que menciona.

Face as informações que me passaram, o Thiago mencionado no Capítulo IV é casado, pai de dois filhos e servidor público locado na Advocacia Geral do Estado de Minas Gerais. É pastor.